AF643336

Mathias Voelchert

VATER WERDEN, PAPA SEIN

Mathias Voelchert

VATER WERDEN PAPA SEIN

Den eigenen Weg finden für ein glückliches Familienleben

KÖSEL

Der Verlag behält sich die Verwertung des urheberrechtlich geschützten Inhalts dieses Werkes für Zwecke des Text- und Data-Minings nach § 44 b UrhG ausdrücklich vor.
Jegliche unbefugte Nutzung ist hiermit ausgeschlossen.

Alle im Buch vorkommenden Personen wurden zur Wahrung des Persönlichkeitsrechts verfremdet. Jede Ähnlichkeit mit lebenden oder toten Personen ist rein zufällig und in keiner Weise beabsichtigt.

MIX
Papier | Fördert gute Waldnutzung
FSC® C014496

Penguin Random House Verlagsgruppe FSC® N001967

Copyright © 2023 Kösel-Verlag, München,
in der Penguin Random House Verlagsgruppe GmbH,
Neumarkter Str. 28, 81673 München
Umschlag: Weiss Werkstatt München
Umschlagmotiv: photobyphotoboy/stock.adobe.com
Innenabbildungen: stock.adobe.com S. 7, 11, 12, 56, 97, 98, 137, 142 (fineline); S. 8 (ngupakarti); S. 53 (Rita)
Satz: Satzwerk Huber, Germering
Druck und Bindung: GGP Media GmbH, Pößneck
Printed in Germany
ISBN 978-3-466-31179-8

www.koesel.de

Inhalt

»Es ist nicht wahr, dass Männer sich nicht ändern wollen. Wahr ist, dass viele Männer Angst vor Veränderung haben. Um lieben zu können, müssen Männer imstande sein, sich von ihrem Wunsch zu verabschieden, andere zu beherrschen.«[1]

bell hooks (1952–2021), amerikanische Professorin und Kritikerin von Rassismus, Kapitalismus und Patriarchat

Einleitung

Als Vater, Bonusvater und mittlerweile Großvater leite ich seit zwei Jahrzehnten Workshops mit Vätern aus allen Gesellschaftsschichten. Wir wollen herausfinden, welche positiven und welche negativen Männer- und Väterbilder wir in uns tragen, die uns unterstützen oder blockieren. Was können wir tun, um in engeren Kontakt zu uns selbst und damit zu unseren Kindern und unseren Partnerinnen zu kommen?

Der Soziologe Ulrich Beck hat in den 1980er-Jahren das Verhalten junger Väter so beschrieben: »Verbale Aufgeschlossenheit bei weitgehender Verhaltensstarre.«[2] Der Konsens unter Männern (und vielen Müttern) war damals, dass sie sich mehr um ihre Kinder kümmern wollten, dies aber mit ihren beruflichen Anforderungen nicht in Einklang zu bringen sei. Besonders bei sehr kleinen Kindern greifen Väter auch heute noch gern zu der Ausrede, dass sie sich eigentlich gern intensiver um das Baby kümmern würden, dass dieses aber zur Mutter eine viel engere Bindung hätte und sie deshalb leider außen vor seien.

Glücklicherweise verbessern sich die Rahmenbedingungen immer weiter, Arbeitsverhältnisse werden immer mehr auf die Bedürfnisse der Familie ausgerichtet. Das Arbeiten im Homeoffice ist spätestens seit Corona für viele Eltern eine echte Alternative geworden. Die Vier-Tage-Woche als Arbeitszeitmodell ist im Gespräch. Männer flüchten nicht mehr, sie wollen dazulernen, ihre Vaterrolle neu definieren und sich stärker in die Familie einbringen. Der abwesende Vater könnte bald der Vergangenheit angehören.

Mein wichtigster Rat an einen Vater ist Gelassenheit im Angesicht seiner Vaterschaft, denn unser Schicksal als Väter und das unserer Kinder ist weder unabänderlich noch wird es in den ersten drei Lebensjahren gleich endgültig entschieden! Durch die Plastizität unseres Gehirns können wir unsere eigene Kindheit mit Vernachlässigung oder nachteiligen Voraussetzungen trotz aller Handicaps überwinden und großartige Väter werden. Wir können das, was wir selbst als Kinder erfahren haben und was unsere heutigen Handlungen beeinflusst, reflektieren und dahingehend verändern, dass wir nicht mehr Getriebene der Umstände sind. Wir können Einfluss auf unser Schicksal nehmen, darauf, wer wir sind und wie wir in Zukunft sein wollen, und damit zum Gestalter unseres Vater-Seins werden.

Ich wünsche Ihnen als Vater (und auch als Mutter) den größtmöglichen Gewinn aus der Lektüre dieses Buches, um der beste Elternteil zu werden, der Sie sein können, und das auch zu genießen. Und sich auf diesem Weg selbst immer ähnlicher zu werden, anstatt eine idealisierte Rolle zu spielen.

Dazu möchte ich Sie mit meinem Buch inspirieren. Dabei ist es sicherlich ein Gewinn, es von vorne nach hinten durchzulesen, Sie können aber auch zu Kapiteln springen, die Sie besonders interessieren.

Vater werden

Versuchen Sie besser nicht, ein perfekter Vater werden zu wollen, mit perfekten Kindern und einem perfekten Familienleben. Kinder sind einfach, wie sie sind. Väter sind geworden, wie sie sind. Als erwachsene Männer können wir die Wunden unserer Kindheit und Jugend aber heilen lassen, sodass nur noch eine Narbe bleibt.

Ich schreibe dieses Buch, weil ich Männer stärken will, ihren eigenen gleichwürdigen Weg zu finden, zusammen mit ihren Partner*innen, den Müttern ihrer Kinder und ihren Kindern. Es gibt viele ältere Väter, denen erst bei ihren Enkeln bewusst wird, wie bereichernd es sein kann, sich um Kinder zu kümmern. Sie bedauern heute, zu wenig Zeit mit den eigenen verbracht zu haben, weil der Beruf an erster Stelle stand. Junge Väter sagen mir heute glücklicherweise immer öfter: »Wir wollen nicht mehr unsere Seele verkaufen.« Sie wollen sich oft nicht mehr nur über ihren Beruf, den damit verbundenen Status und ihr Einkommen definieren, sondern mehr Freiheit, Selbstständigkeit und Verantwortung gewinnen. Diese Einstellung ist die beste Voraussetzung, dass sie sich auch gute Rahmenbedingungen dafür schaffen, ihren Lebensunterhalt mit ihrem Familienleben vereinbaren zu können, statt sich einfach anzupassen. Gegenseitige Unterstützung und stetige Auseinandersetzung damit bringen Sie auf diesem Weg weiter.

Männer alter patriarchaler Prägung haben ihren Mitmenschen gegenüber oft Defizite in puncto Empathie, Rücksichtnahme und Wertschätzung, also in dem, was allgemein als Menschlichkeit bezeichnet wird. Sie sind in einer Gehorsamskultur aufgewachsen, in der ihnen gesagt wurde, was von ihnen erwartet wird und was sie zu tun haben. Dominanzstreben, das von Eigennutz und Rücksichtslosigkeit geprägt ist, zeichnet viele von ihnen aus.

Die meisten Frauen gehen anders mit Macht um. Warum? Weil Frauen oft Mütter sind und aus dieser Erfahrung heraus menschlicher, das heißt empathischer und mit Rücksicht auf die Bedürfnisse anderer entscheiden und einen kooperativen Führungsstil pflegen. In dieser Hinsicht kann man sich durchaus etwas von ihnen abschauen. Denn Familien brauchen Menschen, die führen. Und denen, die gut führen, folgen wir nicht, weil wir müssen, sondern weil wir wollen. Wir fühlen uns sicher, weil wir verlässliche Signale erhalten. Gute Führung ist immer situativ und individuell, und sie ist immer verantwortlich. Das passiert in Familien, in denen sich alle Mitglieder wohlfühlen, weil sie Wertschätzung erfahren.

Wie kommen wir dahin? Und wer bestimmt, ob ich ein guter Vater bin? Wichtiger als die Meinung anderer ist die eigene Reflexion, also fängt wie immer alles bei mir selbst an: Wie definiere *ich* mich als Vater? Wie erfinde ich mich immer wieder neu, zusammen mit meiner Partnerin und meinen Kindern? Wie bekomme ich einen Zugang zu mir und somit zu meinem Gegenüber in der Familie? Dazu finden Sie in diesem Buch viele hilfreiche Geschichten von Vätern, die zeigen, wie eingefahrene und übernommene Verhaltensmuster aufgebrochen werden können.

Wie es mir erging

Mit der Geburt meiner Kinder veränderte sich mein eher konservativ sozialisiertes Leben komplett. Aus heutiger Sicht würde ich diese Entwicklung vom Funktionieren hin zu mehr Selbstreflexion beschreiben. Wäre diese sowieso eingetreten? Vielleicht, aber nicht mit solcher Macht, Dringlichkeit und dem starken Druck, selbst die Anpassungsleistung bringen zu müssen. Ich musste bei mir etwas verändern, statt diese Veränderung von meiner Partnerin oder unseren Kindern zu fordern.

Ich habe in den ersten 35 Jahren meines Lebens die tradierten Werte einer konservativen Gesellschaft gelebt. Durch unsere Kinder und meine damit angestoßenen Entwicklungen wurde mir klar, dass in dieser Gesellschaft einiges grundlegend unrund läuft, die politische Aussage »Kinder sind unsere Zukunft« entpuppte sich als Zukunftslüge, wenn wir uns anschauen, wie mit unseren Kindern in Kindergarten und Schule umgegangen wird. 22 Kinder in der Kindergartengruppe, eine Erzieherin, eine Praktikantin, ein Wahnsinn. Eine Mutter allein mit ihren elf Kindern würde jeder als absurd empfinden, unseren besten Erzieherinnen muten wir dieses Setting täglich zehntausendfach zu. Und weiter geht's gleich in der Schule: 34 Kinder, eine Lehrerin, so macht man Lehrerinnen kaputt und Schule zu einer Horrorveranstaltung, die Disziplinierung, Ruhe und Ordnung fordert und Chaos schafft. Schon vor 20 Jahren haben namhafte Unternehmensberatungen darauf hingewiesen, dass jeder Euro, der in Kindergärten und Schulen investiert wird, sich mit vier Euro rentiert, weil die Gemeinschaft viel weniger Folgekosten, Diagnosen, Therapien etc. zu tragen hat. Ich vermute, der Wert hat sich heute mehr als verdoppelt.

Die »Vereinbarkeit von Beruf und Familie«, war die nächste erfundene Lüge. Schlagworte, mit denen Eltern bis vor 10 bis 20 Jahren noch beruhigt worden waren. Alles nur Geschwafel. Die Tatsache war eine zutiefst familienfeindliche, ja menschenfeindliche, besonders frauenfeindliche Arbeitswelt. Während Corona haben alle gemerkt, dass man auch von zu Hause gut arbeiten kann, wenn es die Räumlichkeiten hergeben. Ich höre von Managern, dass bei Marktführern 30 Prozent an Kosten eingespart werden für nicht benötigte Büros, die Räume konnten untervermietet werden und tragen zur gestiegenen Rendite bei, die auch erhöht wird, weil weniger in der Gegend herumgeflogen werden muss.

Der alte Streit zwischen Unternehmen und Familie um den Vater ist bald beendet. Einerseits verstehen immer mehr Unternehmen, dass sie nur so an die Besten herankommen, wenn es mit der Arbeitszeit, den Umständen und dem Lohn passt. Und Angestellte nicht mehr wie früher als weisungsgebundene, abhängig Beschäftigte behandelt werden, sondern wie verantwortliche Kollegen auf Augenhöhe.

Nach diesem Ausflug zu den Rahmenbedingungen, unter denen wir arbeiten, leben, nun zurück zu meiner Geschichte. Meine Entwicklung verlief im Schneckentempo. Für mich, als Mann, war die Veränderung schmerzlich, weil viele meiner für stabil gehaltenen Überzeugungen infrage gestellt wurden. Und das war ein fortwährender Prozess: Nachdem wir mit unserer Tochter einen Anfang gemacht hatten, dachte ich zum Beispiel, dass ich schon alles über Kindererziehung begriffen hätte, denn bei ihr funktionierte es nach dem Prinzip: »Man sagt dem Kind etwas, und es macht das auch.« Dann wurde unser Sohn geboren, der das Nein anscheinend schon gelernt hatte, bevor er noch seine ersten Worte sprach. Seine Willenskraft war unglaublich. Das faszinierte mich einerseits, andererseits brachte es mich zur Weißglut, dass ich den Jungen nicht mit meinem bisherigen Erziehungsrepertoire erreichen konnte, das ich von meinem Vater übernommen hatte. Was war zu tun: meinen Sohn biegen oder brechen? Aber ich verstand glücklicherweise, dass ich besser nichts dergleichen tun sollte. Dass dieser Weg uns nicht weiterbrachte und dass es darum ging, *meine* Einstellung zu Verantwortung und Gehorsam zu klären und entsprechend zu leben. Ich begriff, dass es bei *meiner* Frustration nur um *mich* und nicht um meinen Sohn ging. Der Einzige, der bei sich selbst etwas verändern musste, war ich.

Ich als erwachsener Mensch muss mich so verändern, dass ich mein Kind erreiche. Dabei muss ich mich manchmal biegen. Gegen den Erziehungswind, den ich selbst genossen habe.

Sätze wie »Aus mir ist ja auch was geworden« oder »Hat mir auch nicht geschadet« sind gefährlicher Quatsch. Es schadet, mit Worten oder handgreiflich verletzt zu werden. Geschlagen zu werden hinterlässt tiefe emotionale Wunden, selbst wenn keine körperlichen Spuren zurückbleiben. Gewalt macht gefügig und erstickt die Bereitschaft des Kindes, aus eigenem Antrieb aktiv zu werden.

Das bedeutet aber nicht, dass man einfach alles so laufen lassen soll. Wir brauchen auch keinen Laissez-faire-Erziehungsstil, bei dem sich Eltern auf eine passive Rolle beschränken. Ein Kind benötigt liebevolle elterliche Führung, die wir zusammen mit ihm gestalten können.

Ich habe dieses Buch im Jahr 2023 geschrieben, weil ich es gebraucht hätte, als ich 1987 selbst Vater wurde. Wenn aus Männern Väter geworden sind, sind sie dann keine »richtigen« Männer mehr? Solche Fragen stellten sich mir damals, als es einen großen Graben zu geben schien zwischen den 68ern und den alten Traditionalisten. Seither hat sich viel verändert, aber Männer müssen sich trotzdem in ihrer Vaterrolle und Väter in ihrer Männerrolle immer weiter selbst definieren. Fünfunddreißig Jahre später möchte ich Sie mit meinen Erfahrungen inspirieren, damit Sie Fehler vermeiden und mit Ihren eigenen Unzulänglichkeiten freundlicher umgehen können.

Ich persönlich wünsche mir heute, dass meine Kinder liebevoll auf mich schauen, trotz allem, was ich nicht fertiggebracht und was ich falsch gemacht habe. Die Liebe, die ich heute von ihnen zurückbekomme, lässt mich hoffen.

Für eine gelingende Erziehung genügt väterliche Liebe allein jedoch nicht. Wir alle lieben unsere Kinder, wenn sie friedlich in ihrem Bett schlummern. Sobald sie wieder die Augen aufmachen, beginnt unsere Herausforderung als Vater. Das liegt nicht an unseren Kindern, die so sind, wie sie sind. Punkt. Die gute Nachricht ist, dass wir einen großen Einfluss darauf haben, wie wir sie erleben und wie sie werden. Warum? Weil Kinder kooperieren. Sie ahmen nach, was wir ihnen vorleben. In einer Familie, in der es wichtiger ist, Zeit füreinander zu haben als einen opulenten Lebensstil zu pflegen, werden andere Kinder aufwachsen als in einem Haushalt, in dem sie vorgelebt bekommen, dass nur Leistung, Konsum und Erfolg zählen. Anders gesagt, was wir vorleben, werden wir gespiegelt bekommen.

Deshalb ergibt es keinen Sinn, das Kind mit Erziehungsmaßnahmen zu traktieren, sondern anzuerkennen, dass der Apfel nicht weit vom Stamm fällt. Das ist eine Tatsache, die viele Eltern nicht wahrhaben wollen, wenn ihnen Eigenschaften am Kind missfallen. Dabei werden dann gerne Beobachtungen als Schuldzuweisungen formuliert: »Unsere Tochter ist wie ...« anstatt anzuerkennen, dass das auch ein Teil dessen ist, was das Kind von seinen Eltern mitbekommen oder durch ihr Vorbild gelernt hat.

Ein Kind, das seinen Vater oder seine Mutter täglich mit dem Mobiltelefon beschäftigt sieht, will das nachmachen. Das Kind beobachtet seine Eltern am Computer und tut es ihnen gleich. Dann kommen manche Eltern zur Beratung und beschweren sich, dass ihre Kinder »computersüchtig« wären. Die Überraschung ist groß, wenn sie ihren Blick auf sich zurücklenken müssen.

Ich brauche keine Kinder

Häufig schrecken Männer vor dem Schritt und der Verantwortung, Vater zu werden, zurück. Weil sie sich überfordert fühlen oder ihren Lebensstil in der Familie nicht ändern wollen. Je länger meine Frau und ich zusammen waren, desto klarer wurde, dass sie Kinder will und braucht. Das war für mich sehr schwer anzuerkennen. Instinktiv spürte ich, dass sich mein Leben mit Kindern total verändern würde. Ich war mir sicher, für diese Veränderung noch nicht bereit zu sein. Und es stimmt: Nichts bleibt nach der Geburt eines Kindes gleich. Man könnte sarkastisch formulieren, dass die Menschheit längst ausgestorben wäre, wenn Eltern aller Zeiten vorher gewusst hätten, was mit ihrem Nachwuchs auf sie zukommt.

Doch auch das ist nur die halbe Wahrheit. Wenn man sich auf Kinder einlässt, kann das langfristig wie eine Anleitung zum Glücklichsein verlaufen. Dieses Glück ist dauerhaft und findet im Inneren statt. Zuerst schmerzhaft, weil wir die eigenen Wunden anschauen und heilen müssen, die uns selbst als

Kindern zugefügt wurden, doch dann immer befreiender mit jedem gemeinsamen Jahr.

Die Anleitung zum Unglücklichsein wäre es, sich nur noch auf die vermeintlichen Fehler des Kindes einzulassen, permanent zu kritteln, das Kind zu piesacken, wie ich es oft erlebt habe, bis es zum Showdown kommt, beispielsweise wenn ein Jugendlicher seine angestaute Wut an anderen auslässt. Oder subtil, indem er oder sie nicht den Berufsweg einschlägt, den der Vater möchte, nur um etwas zu tun, mit dem man den »Alten« ärgern kann. Zwar leisten die Kinder auf diese Weise Widerstand, doch glücklich macht sie das auch nicht immer. Unverheilte Wunden, zum Schaden für beide, lassen keine freie Wahl mehr zu.

Wir müssen unseren Kindern erlauben, auf uns einzuwirken. Wenn wir das nicht tun, wird sich unser Kind übermäßig anpassen, um dazuzugehören, oder uns so sehr provozieren, dass wir unangemessen oder hilflos reagieren, weil wir überfordert sind.

Kinder wollen gesehen werden, sonst werden sie auffällig, um uns damit etwas zu zeigen. Doch bei beiden Verhaltensmustern – angepasst oder rebellisch – verliert das Kind das Gefühl für sich selbst.

Kinder wollen uns und sich zeigen, dass sie da sind. Dementsprechend sollten wir sie sehen und ihnen das Gefühl geben, dass sie uns wichtig sind, wir uns über sie freuen und sie selbstverständlich zu unserem Leben dazugehören. Zugleich bedeutet aber überhaupt nicht, dass die Kinder in der Familie im Fokus der Aufmerksamkeit stehen sollten, wie es viele Familien betreiben. Dabei wird alles, was das Kind tut oder nicht tut, begutachtet und kommentiert, zum Beispiel beim Thema

Essen: »Iss nicht mit den Fingern, iss auch Salat, sprich nicht mit vollem Mund. Komm jetzt endlich zum Essen, ich habe dich schon drei Mal gerufen…« Dabei wäre die Botschaft viel eindrücklicher, wenn Vater und/oder Mutter sein Essen ohne Kommentierung für sich genießen würde und sich so eine entspannte Atmosphäre bei Tisch einstellen würde. Stattdessen fallen viele Mütter (und auch Väter) in die Falle von: »Ich habe mir nun Mühe gemacht zu kochen, jetzt musst du auch essen.« Das Kind, das vielleicht noch gar nicht in der Lage ist, sich gut auszudrücken zu können, will vermutlich sagen, dass es doch noch gar keinen Hunger hat. Aber da es das nicht kann, findet es eben andere Wege, um das auszudrücken, indem es eben all das tut, was dann kritisiert wird. Auch hier wäre der Wunsch, dass die Erwachsenen die Anpassungsleistung bringen und flexibel auf die Wünsche des Kindes reagieren, statt der Vorgabe zu folgen, dass wir doch wenigsten am Mittagstisch oder am Abend vereint, gemeinsam, gemütlich zusammen sitzen müssen. An dem Gedanken, Mahlzeiten als Familie zu genießen, ist grundsätzlich nichts falsch, allerdings ist unsere Umsetzung in Deutschland oft genug ein Desaster – wie mit vielen anderen Dingen. Wir machen Regeln, die befolgt werden sollen – und die jede Gemütlichkeit töten. Locker ohne Zwang (für sich und die Kinder) funktioniert besser und alle sind entspannt.

Da kommt die Frage auf, was macht der alleinerziehende Vater, wenn er mit seinem Kind oder seinen Kindern gemeinsam essen will? Er macht es sich gemütlich, kocht sich was Gutes, stellt (wenn ihm das schmeckt) ein Glas Wein dazu und informiert die Kinder, dass es was Gutes zum Essen gibt. Die kommen dann schon, und wenn nicht, stellt er für sie etwas bereit für den späteren Hunger.

Was ist meine Botschaft? Die Stimmung macht's. Wenn sich alles ums Kind dreht, permanent Ermahnungen im

Raum sind, ich nenne es piesacken, hat keiner mehr Freude und wird dem Gemeinsamen fern bleiben. Eben weil es nicht anziehend ist. Auch hier tragen die Eltern die Verantwortung für die Qualität der Beziehung. Und Kinder lernen Manieren übrigens nicht durch ewiges Ermahnen, sondern durch Abschauen bei den Erwachsenen. Darauf können Sie sich verlassen.

Zurück zur Frage, wie man sich auf die kommenden Kinder einstellt. Vermutlich wollte ich mich dem Vatersein nicht stellen, weil ich mich meiner eigenen Kindheit nicht stellen wollte, die so war wie die aller anderen Kinder damals, was schon schlimm genug war. Wenn ich daran zurückdenke, wird mir heute noch ganz anders. Damals sollten Kinder vor allem »gut erzogen« sein, wie Gegenstände im Besitz der Eltern, nicht im Besitz von sich selbst. Objekte, keine Subjekte. Über eine solch entmenschlichende Erziehung sind wir glücklicherweise hinaus, doch es schadet nie, uns immer wieder vor Augen zu führen, dass Kinder uns nicht »gehören«. Sie gehören sich selbst, und sie haben ein Recht darauf, sich als freie Subjekte zu entwickeln, ohne dass ihr Verhalten uns bitte schön stets in einem guten Licht erscheinen lässt.

Als meine Frau und ich dann doch ein Kind bekamen, obwohl ich mich so gar nicht dazu bereit fühlte, musste ich mich dem stellen. Und ich möchte Ihnen Mut machen, sich der Situation ebenfalls zu stellen, wenn sich Ihre Partnerin ein Kind wünscht oder ungeplant schwanger wird. Und wenn Sie den starken Impuls verspüren davonzulaufen, holen Sie sich therapeutische Hilfe und lassen sich beraten. Sie flüchten nicht vor der werdenden Mutter oder Ihrem Kind, sondern vor Ihrer eigenen unverarbeiteten Geschichte. Durch Weglaufen können Sie die Wunden und Brüche Ihrer Vergangenheit nicht verarbeiten. Diese werden Sie immer begleiten, allen Trennungen oder Partnerwechseln zum Trotz. Durch äußere Veränderungen werden sie nicht bewältigt. Der Fluchtimpuls ist zwar verständlich, denn die schmerzlichen Erlebnisse aus der Kindheit kosten enorme Verdrängungskraft, die wir oft lieber zahlen als noch einmal dort hinzuschauen, wo es wehtut.

Wir haben uns daran gewöhnt, diese unverheilten Wunden zu ignorieren und zu betäuben, mit zu viel Arbeit, Alkohol, Drogen aller Art, Medikamentenmissbrauch, anderen Süchten wie Pornosucht, Spielsucht etc. Dabei behindern uns diese unverheilten Wunden täglich in unseren Beziehungen, doch vor allem im Kontakt zu uns selbst. Ich habe Dutzende Männer und Väter erlebt, die durch das Anschauen ihrer eigenen Verwundungen frei geworden sind. Der Zeitpunkt, an dem Kinder kommen, ist der Zeitpunkt, an Ihrer Persönlichkeit zu arbeiten. Es kann Sie in allem nur weiterbringen. Ich bin selbst Vater geworden von zwei unglaublichen Menschen, die mein Leben auf eine Art bereichert haben, die ich selbst niemals für möglich gehalten hätte.

Wie kann dieser Prozess nun konkret aussehen? Die folgende Geschichte von Søren und Mira kann dies veranschaulichen:

Als Søren von Mira erfuhr, dass sie im zweiten Monat schwanger war, löste diese Nachricht bei ihm enorme Ängste aus. Ein Kind ausgerechnet dann, als in der Partnerschaft nicht alles ideal lief, der Arbeitsplatz nicht sicher war und Søren der erste von seinen Freunden gewesen wäre, der Vater würde. Müsste nicht alles in bester Ordnung sein, wenn ihr gemeinsames Kind auf die Welt kam? Wie sollte es ihm gelingen, diese Verantwortung zu tragen? Mira war von seiner Reaktion betroffen. Sie hätte sich gewünscht, dass sich Søren mit ihr freut, was nicht der Fall war.

Søren formulierte es so: »Ich möchte ein Vater sein und weiß nicht, wie das geht. Solange das Kind klein ist, bin ich dafür verantwortlich, dass ihm nichts passiert. Kann ich das überhaupt? Mira bekommt für alles Hunderte Seiten Gebrauchsanweisungen. Und ich weiß nicht, was ich tun soll. Ich fürchte mich vor meiner eigenen Verletzlichkeit, die dieses Baby bei mir auslösen könnte. Verantwortung zu tragen für unser Kind? Dann mischen sich undefinierte Gefühle von Angst und Schmerz ein, dabei sollte ich mich doch jetzt mit Mira freuen.«

Mira war beeindruckt von seiner Reaktion, beide saßen angefasst auf dem Sofa, sprachlos. Mira arbeitete als Sprachtherapeutin mit Kindern und Erwachsenen, Søren war Informatiker. Mira hätte sich so sehr pure Freude bei ihnen beiden gewünscht, aber sie sah, was diese Nachricht mit Søren machte.

Søren sagte dazu: »Am liebsten würde ich jetzt in die Kneipe gehen und mich volllaufen lassen, aber das mach ich nicht. Ich will ein Vater werden. Und ich weiß nicht, wie das geht. Da kommt ein Kind und es wird immer da sein. Und solange es klein ist, wird seine Sicherheit meine volle Verantwortung sein – kann ich das? Mein eigener Vater hat viel gearbeitet. Wenn er zu Hause war, hat er sich nicht für uns Kinder interessiert. Er sagte, das sei nicht seine Aufgabe, sich mit uns zu beschäftigen. Wenn wir Ordnung und Disziplin lernten, würde das genügen. Dabei hätte ich mir einfach viel mehr Zeit mit ihm gewünscht. Ich habe ihn hilflos erlebt, wenn er geschrien und uns geschlagen hat. Es war furchtbar. So will ich nie werden. Aber ich merke, dass das auch in mir steckt, wenn ich unter Druck gerate, denn heute arbeite ich so viel wie er damals, auch das muss sich wohl ändern mit einem Kind.«

Es war eine große Leistung von Søren, dass er seine Karten auf den Tisch gelegt hat. Mira stellte ihm eine Frage: »Wenn du ein Buch über deinen Vater schreiben solltest, was wäre der letzte Satz?« Sofort antwortete Søren: »Wo warst du? Ich hätte dich damals so sehr gebraucht.«

Von Tränen überwältigt, umarmten sich die beiden. Nach einer Zeit fing Mira an zu sprechen: »Wir wissen nicht, *wie* wir unser Kind aufziehen sollen. Das wäre zu viel verlangt. Und auch unser Kind wird wissen, dass wir es nicht wissen können. Wir müssen auf unseren Instinkt und unser Mitgefühl hören und nicht auf den Mist, den uns unsere Eltern manchmal aufgezwungen haben. Ich kann es nicht für mein Kind wissen, wie aus ihm die wunderbarste Version seiner selbst werden kann, aber ich kann ihm vielleicht dabei helfen. Und ich respektiere, wer du bist, Søren, und will dich nicht zu jemandem machen, der du nicht bist.«

Ich empfahl Søren, sich in einer Therapie diese alten Verletzungen anzuschauen. Es waren die Brüche und Wunden aus seiner Kindheit, mit denen er als Kind nicht umgehen konnte, die ihn belasteten. Jetzt hingegen, als erwachsener Mann, war er in der Lage, sie zu verarbeiten.

Alte Verletzungen heilen und nicht vererben

In einem Selbsterfahrungskurs, an dem ich teilnahm, wurde uns die Aufgabe gestellt, sich die eigene Beerdigung vorzustellen, während die Angehörigen um das Grab versammelt seien. Wir als Verstorbene könnten dabei die Stimmungen spüren, die Worte und auch das Unausgesprochene hören. Was würden wir uns wünschen, dass diese uns wichtigen Menschen für uns empfänden, über uns denken und sagen würden?

Mir wurde klar, dass es da sicherlich Trauer, aber auch Freude, Dankbarkeit und Liebe gäbe. Vielleicht wäre ich auch entsetzt darüber, was unausgesprochen bliebe. Gäbe es Vorwürfe? Sicherlich kämen Dinge zur Sprache, die neu für mich wären, und auch einiges, wofür ich mich schämen würde.

Doch dann wäre es für Wiedergutmachungen zu spät – mein Leben wäre vorbei. Aber heute könnte ich als Partner und Vater noch etwas Wichtiges für mich und damit auch für die anderen verändern, sodass ich später keine Angst vor den Gefühlen, Stimmungen, Gedanken, Worten meiner Familie zu haben bräuchte.

In der Folge begann ich damit, bei mir aufzuräumen. Vielleicht haben Sie ähnliche Ideen und möchten diese sinnstiftend in Ihre Vaterschaft einbringen.

Sie könnten sich aber natürlich auch fragen, was die Gedanken, Empfindungen und Meinungen der anderen Sie noch angehen sollten, wenn Sie tot sind. Oder was das mit Ihrer Vaterschaft zum jetzigen Zeitpunkt zu tun hat. Die Antwort lautet: sehr viel.

Ihr heutiges Verhalten prägt Ihre Kinder. Das bedeutet, dass das Positive wie das Negative in den nächsten Generationen weiterlebt, wie hoffentlich auch das Schöne und Leichte.

Ich wünschte mir, dass meine Tochter und mein Sohn sich nicht mit Groll oder Wut an mich erinnern, sondern mit Freude.

Der positive Blick auf unseren eigenen Vater ist wichtig, wenn es um unsere Kinder geht. Wir sollten auch die Seiten sehen, die wir an ihm schätzen. Ich schätze an meinem Vater, dass *ich* ihm wichtig war – nicht sein Bild von mir. Mein Vater wollte mich nicht zu etwas machen, sah mich nicht als sein Werk. Deshalb konnte ich mich im Wesentlichen selbst gut entwickeln. Vielleicht denken auch Sie, dass Ihr Vater zwar nicht immer alles richtig gemacht hat, aber Ihnen zum Beispiel genug Selbstvertrauen vermittelt hat, um das Leben zu meistern. Vielleicht hat er Sie gesehen, wie Sie sind, Ihre Individualität akzeptiert und Ihre Entwicklung begleitet und unterstützt, auch wenn es ihm vermutlich nicht immer leichtgefallen ist.

Damit wir als Vater einen entscheidenden Beitrag zur positiven Entwicklung unserer Kinder leisten können, müssen wir herausfinden, welche Erziehungsmuster aus unserer Kindheit heute noch bei uns wirksam sind. Wenn wir es anders machen wollen, müssen wir reflektieren, wie wir selbst aufgezogen wurden und welchen Einfluss das auf unsere Partnerbeziehungen und unser Vatersein hat. Sonst wird sich nie etwas daran ändern, dass wir die Fehler, die wir nie machen wollten, trotzdem weiterhin begehen, dass wir genau dieselben Worte, die uns damals selbst ins Mark getroffen haben, jetzt auf einmal selbst verwenden. Nur wenn wir unsere eigenen Wunden erkennen und vielleicht sogar heilen, werden wir etwas ändern können. Heilung ist möglich, indem ich z.B. mit meiner Partnerin im Gespräch, langsam und immer mehr, mir selbst auf die Schliche komme und sehe, dass das, was ich für richtig, für unumstößlich hielt (»Solange du deine Füße unter meinen Tisch stellst, tust du, was ich dir sage«), das ist, was mich verwundet. Das Gleiche kann meine Partnerin für sich und mit mir im Gespräch tun, denn auch bei ihr wird es Brüche gegeben haben.

Die Mär von der Familie, die alles sein kann, sein soll, sein muss

Familie ist die kleinste Zelle der Gesellschaft. Sie gibt uns Sicherheit und prägt unser Selbstbild, das Verständnis von »so sind wir«. So weit die Theorie. Doch Familie ist auch der Ort, wo es die häufigsten Übergriffe aller Art gibt, weil einer mehr Macht hat und die anderen nicht. Wichtig ist es also, sich immer bewusst zu sein, dass das Gefälle zwischen Groß und Klein vor allem Verantwortung mit sich bringt.

Häufig sind sich die Familienmitglieder räumlich zu nahe, nicht nur, weil es nicht genügend Wohnraum gibt, auch weil wir meinen, diese Nähe zu brauchen. Dies kann zu Überreaktionen führen, weil sich vieles angestaut hat. Das ist auch gar nicht so überraschend. Der kanadische Philosoph und große Vordenker der digitalen Welt Marshall McLuhan entwickelte die These vom globalen Dorf. Er beschreibt eine Welt, in der sich ihre Bewohner so nahe sind wie nie zuvor. Für viele Menschen entspricht das einer Idealvorstellung, mit allen und allem verbunden zu sein. Doch McLuhan formulierte in einem Interview von 1977 in etwa so: Je näher man sich kommt, desto mehr mag man sich? Es gibt dafür in keiner denkbaren Situation einen Beweis, von dem wir wissen. Je enger die Leute aufeinandersitzen, umso bissiger und ungeduldiger werden sie. Das globale Dorf ist ein Ort der mühseligen Begegnung und der aggressiven Situationen.[3]

Wir brauchen uns nicht für unser Bedürfnis nach Rückzug und Ruhe zu entschuldigen. Wir könnten bei uns selbst nachforschen, was dieses Bedürfnis mit uns zu tun hat. Immer wieder höre ich in meinen Beratungen von Vätern, dass sie sich mehr Ruhe wünschen, aber nicht wissen, wie sie das einrichten sollen.

Vätern und Müttern ist klar, dass jedes Kind ein eigenes Zimmer haben sollte, um dort zu spielen und zu schlafen. Genauso wäre es aber sinnvoll, für die Eltern jeweils ein eigenes Zimmer einzurichten, wenn das möglich ist. Dort können sie sich zum Entspannen zurückziehen, während die Kinder vom anderen Elternteil betreut werden. Beim angespannten Wohnungsmarkt ist es sicherlich nicht leicht, bezahlbare Wohnungen in entsprechender Größe zu finden, aber versuchen Sie dennoch, diese Idee umzusetzen, sodass Sie als Vater und als Mutter jeweils Ihr eigenes Zimmer haben wie die Kinder.

Dieser Rückzugsort ist für die anderen Familienmitglieder tabu. Vielleicht befürchten Sie, dass diese Lösung von Ihrer Familie nicht akzeptiert wird. Meine Antwort darauf lautet: Dann machen Sie weiter wie bisher. Erst wenn die Not groß genug ist, haben wir oftmals die Kraft für Veränderungen. Geben Sie nicht auf. Kommunizieren Sie unmissverständlich, dass Sie über kurz oder lang diesen Rückzugsort benötigen und alles tun werden, damit Ihre Partnerin ebenfalls ein Refugium bekommt.

Dass äußere Nähe oft zu Aggression statt zu innerer Nähe führt, kann ich aufgrund der Erfahrungen von Betroffenen in meinen Beratungen bestätigen. Familie ist mit so vielen Idealbildern von Intimität und Nähe überfrachtet, dass diese Erwartungen in der Realität nur enttäuscht werden können.

Oft genug meinen Eltern, sich trennen zu müssen, weil die ständigen Konflikte alle mürbe gemacht haben. Zum Schluss weiß keiner mehr, worum es eigentlich geht, und die Schuld wird beim anderen gesucht. Oft genug ist der Grund für die nicht enden wollende Genervtheit zu große Nähe, nicht mehr aus können, keine Rückzugsmöglichkeit. Klar, dass sich in der heutigen Wohnsituation nicht alles gleich realisieren lässt. Wenn jedoch das Problem erkannt ist: Wir Eltern brauchen jeder ein Zimmer und wenn es geht, richten wir das auch für die Kinder so ein, dann lassen sich über Jahre hinweg neue Möglichkeiten schaffen und finden.

Tauschen Sie sich mit Ihrer Partnerin aus und gehen Sie nicht davon aus, dass schon alles rundläuft, weil die Familie doch ein Ort ist, an dem alles gut wird. Der Schein kann trügen.

Eine Mutter sagte mir in einer Beratung: »Ich bin bis zur Unkenntlichkeit verheiratet, mich gibt es gar nicht mehr. Ich funktioniere nur noch, Wecken, Frühstück, Kinder für Kindergarten und Schule fertig machen und so weiter und so fort. Die ganze Care-Arbeit bleibt an mir hängen. Und dann kommt mein Mann abends heim und denkt, weil alles wieder schön aufgeräumt ist, das bisschen Haushalt macht sich von allein, also wäre es auch nicht zu viel verlangt, wenn er jetzt ein gutes Abendessen und auch sonst alles serviert bekäme. Als ich ihm gesagt habe, das hätten wir jetzt sechs Jahre so durchgezogen, ich sei platt und spiele nicht mehr mit, war er wie vom Blitz getroffen. In Sekundenschnelle hat er verstanden, dass das kein Spaß mehr war, dass ich es ernst meine.« Wie gut, dass der Vater bei dem Gespräch dabei war und die ganze Beschreibung seiner Frau gehört hatte. Auf meine Frage, wie es jetzt weitergehe, antwortete er: »Keine Ahnung, ich bringe doch alles Geld nach Hause, streng mich an, bin erfolgreich im Job und abends platt. Ich dachte, meine Frau zu Hause, ich im Beruf, das wäre unser Deal. Jetzt will sie da nicht mehr mitmachen, außerdem würden die Kinder immer mehr den Kontakt zu mir verlieren, speziell unser Großer. Dass unsere Kinder mich als Vater mehr erleben müssen, im ganz normalen Leben. Aber wenn wir das ändern, braucht es vielleicht keine Trennung.« Der entscheidende Satz kam von der Mutter: »Ich will mich von den Umständen trennen, die wir in den letzten Jahren geschaffen haben, *nicht von dir*!«

Ich schlug ein paar Punkte vor, die sie in den nächsten Monaten umsetzen könnten, um zu sehen, ob sie als Paar und als Familie neue Wege einschlagen könnten. Zum einen, dass die Eltern wie die Kinder ihr eigenes Zimmer haben sollten. Außerdem könnte der Vater eine Vier-Tage-Woche verfolgen. Vielleicht wäre sein Chef ganz aufgeschlossen, andernfalls wäre eine Selbstständigkeit oder eine andere Stelle eine Möglichkeit, drei Tage für die Familie Zeit zu haben. Gute Arbeitgeber sind heutzutage flexibel und für neue Modelle aufgeschlossen.

Die beiden waren ziemlich mitgenommen von dieser Beratungsstunde, doch zum Abschied sagten sie, es wäre stärkend für sie gewesen, mit anderen Ideen weiterzudenken. Sie hätten bemerkt, dass sie etwas ändern könnten und nicht unvermeidlich auf eine Trennung zusteuerten, aber auch, dass sie ein neues Modell für ihr Zusammenleben und ihre Arbeit bräuchten, das sich ihren Bedürfnissen besser anpasse.

Mit diesem Beispiel will ich noch einmal unterstreichen: Es geht darum, dass wir einen persönlichen Raum für jeden von uns schaffen. Und die Arbeit anders verteilen. Wie wir das umsetzen können, müssen wir miteinander besprechen.

Ein anderer kritischer Punkt, der sich aus den Märchen ergibt, die wir uns über Familie erzählen, ist das Vergleichen. Wir bewerten die Entwicklung unseres Kindes und seine Fortschritte: dass es laufen kann, durchschläft und die ersten Worte spricht. Mit diesen vermeintlichen Leistungen brüsten sich viele auf dem Spielplatz, um zu zeigen, was für gute Eltern wir sind. Diese Fassade bröckelt jedoch erfahrungsgemäß, denn die Realität sieht anders aus. Kinder entwickeln sich in ihrem eigenen Tempo. Manches lernen sie schnell, für anderes brauchen sie mehr Zeit. Vergleichen bringt einen da nicht weiter. Das Kind so zu nehmen, wie es ist, kann uns

Vätern dagegen helfen, uns mit dem zu arrangieren, was im Moment möglich ist und was nicht. Wir sollten ein vermeintliches Defizit nicht als persönlichen Angriff auffassen, der sofort behoben werden muss, weil wir sonst glauben müssten, als Väter versagt zu haben.

Ich möchte Ihnen hier raten, dass Sie sich Ihre eigene Angst anschauen und sich dann Ihrem Kind zuwenden. Reagieren Sie nicht mit Abwehr, Wut oder Schuldzuweisungen, wenn Ihr Kind etwas noch nicht kann oder wenn es sich anders entwickelt als erwartet. Schauen Sie auf sich selbst. Könnten Ihre Gefühle beispielsweise damit zu tun haben, dass Sie Ähnliches erlebt haben? Auf diese Weise können Sie zu einer Haltung finden, in der Sie Ihr Kind unterstützen, wo es konkret Hilfe braucht. Ohne dass Sie es konform machen. Denn es hat ein Recht darauf, anders zu sein, so zu sein, wie es ist, und es selbst zu werden.

Übernommene Gefühle und Muster

Ich möchte an dieser Stelle einige weitere Beispiele geben dafür, wie Sie bei sich selbst ansetzen können, um sich von übernommenen Gefühlen und Mustern zu befreien, und wie das dazu führen kann, dass Sie als Paar entspannter sind und damit auch als Familienvater entspannter Ihre Rolle ausüben können:

Birthe, 28, und David, 29, kamen zu mir in die Beratung. Zu diesem Zeitpunkt waren sie seit sieben Jahren zusammen. Kurze Zeit, nachdem sie ein Paar geworden waren, war Birthe schwanger geworden. Ben war zum Zeitpunkt der Beratung sechs, sein kleiner Bruder Paulus drei Jahre alt. Ihr Problem fasste Birthe zusammen: »Wir funktionieren nur noch«, platzte es aus Birthe heraus. »Zumindest ich funktioniere nur noch, ich bin nur noch in der Tretmühle Familie drin. Ich liebe die Kinder, aber sie gehen mir auch ganz schön auf die Nerven. Und du bist entweder in der Arbeit oder gehst abends zum Sport.«

»Moment mal« protestierte David. »Ich brauche meinen Sport als Ausgleich, aber wie oft habe ich dir angeboten, bei den Kindern zu bleiben, wenn du Laufen gehen willst. Oder dich mit deinen Freundinnen treffen möchtest. Aber da kommt nichts von dir.« Birthe erklärte unter Tränen: »Ich schaff das alles nicht mehr. Ich habe keinen Platz für mich, überall liegen Kindersachen rum, das Kochen, Waschen, Kinderfüttern, Schlafenlegen, jeden Tag, ich werde noch wahnsinnig. Und wenn du dann mal so was anbietest, habe ich einfach keine Energie mehr für irgendetwas. Und allein dieser Zustand raubt mir jegliche Zuversicht. Kannst du das nicht verstehen?«

Ich fragte daraufhin erst einmal David, wie er die erste Zeit in der Beziehung wahrgenommen hatte, und ob es schwer gewesen wäre, so schnell ein Familienvater zu sein. David erklärte: »Es war wunderschön, doch für mich auch ein bisschen ein Schock, dass Birthe so schnell schwanger wurde. Ich hätte mir noch viel mehr Zeit zu zweit gewünscht.« Bei dem Wort »viel« bricht seine Stimme leicht. »Und was heißt schon schwer, ich wollte natürlich eigentlich nicht so schnell Vater werden, keiner hat mich gefragt. Aber ich habe auch nicht verhütet, also musste ich es mittragen. Als es dann so weit war, wollte keiner von uns beiden eine Abtreibung. Mir kommt es so vor, als wenn wir auch jetzt immer noch nicht richtig zusammengekommen sind. Ich kann mir mein Leben ohne meine Buben gar nicht vorstellen, und auch nicht ohne dich, Birthe! Dennoch fehlt mir Zeit für mich, und ich traue mich das gar nicht zu sagen, weil ich weiß, dass du so viel mehr Zeit für dich bräuchtest.«

Nach diesem Ausbruch liefen bei beiden die Tränen. Die beiden Kinder spielten nebenan, als sie sahen, dass ihre Eltern weinten, kamen sie kurz herbei, doch nachdem ihre Eltern ihnen signalisiert hatten, dass es ihnen gut gehe, dass sie aber über wichtige Sachen für Erwachsene redeten, spielten sie ruhig weiter.

Ich versicherte David und Birthe, dass ich gut verstehen könnte, dass die Situation von ihrer Warte aus ausweglos wirke, aber dass ich von meiner Position aus vier Menschen sehen würde, die es bis hierhin sehr gut geschafft hätten. Und die gute Nachricht sei doch, dass sie schon aus dem Gröbsten raus seien! Sie hatten mir erzählt, Paulus gehe gerne in die Kita, das bringt Entspannung. Ben komme in drei Monaten in die Schule, auch das bringt doch jeden Werktag einen freien Morgen. Ich empfahl Ihnen aber, sie sollten mit dem Anfang beginnen und ihre Verbindung stärken. Wie macht man das? Nun, ich bin kein großer Fan von rauschenden Hochzeiten, das muss auch jeder für sich selbst entscheiden, aber an die stärkende Verbindung durch einen Eheschluss glaube ich. Eher im Nachhinein als im Voraus. Insofern schlug ich vor: »Was halten Sie davon zu heiraten?«

Die beiden schauten sich erstaunt, aber freudig an. Heiraten?! Wir beide?! Nach so langer Zeit? Birthe sagte, sie fände das klasse, aber David wolle doch nie heiraten. David antwortete, das habe bisher gestimmt, aber jetzt komme ihm die Situation anders vor als bisher. Als sie das letzte Mal darüber gesprochen hätten, wäre er immer noch in der Warteschleife gewesen und hätte mit dem Verlustgefühl gekämpft, dass ihm sein Leben abhanden komme. Nun sagte er: »Jetzt will ich dieses Leben mit dir, ich will dich, ich würde mich freuen, wenn wir heiraten. Aber ich will auf keinen Fall meinen Vater bei dem Fest dabeihaben! Ich sage meinen Eltern erst, dass wir geheiratet haben, wenn alles gelaufen ist. Ich kann das Gerede meines Vaters nicht mehr ertragen, der nur in der Furcht lebt, dass wir ihm auf der Tasche liegen könnten. Was noch nie der Fall war! Aber er kapiert es nicht!«

Birthe saß still da und lächelte. Das Gespräch hatte sich stark verändert, vor ein paar Minuten war noch das Gefühl der Ausweglosigkeit im Raum gestanden, nun war alles schon fast leicht.

Ich fragte Birthe nach ihrem Beruf. Sie erzählte: »Ich bin Landschaftsarchitektin und wollte eigentlich mit David ein Büro für Landschaftsbau gründen. Durch die Kinder ist das alles in den Hintergrund getreten. Wenn ich jetzt die beiden sehe, wie sie ganz zufrieden spielen, dann kann ich mir das erste Mal vorstellen, selbst wieder berufstätig zu werden. Ich wusste nicht, dass es in mir so eine Sehnsucht auslöst, selbst wieder zurück in den Beruf zu gehen. Aber ich spüre es jetzt umso mehr. Glauben Sie, für die Kinder wäre das in Ordnung?«

Ich bestärkte sie: »Schauen Sie hin, Ihre Kinder brauchen andere Kinder zum Spielen. In dem Alter können Sie ihnen nicht mehr geben, was sie von ihren Freunden brauchen. Und Kinder sind dann glücklich, wenn ihre Eltern glücklich sind! Ich empfehle Ihnen nicht nur, zu heiraten und Ihren Beruf wieder aufzunehmen, sondern vielleicht wirklich eine gemeinsame Firma zu gründen, um eine starke Perspektive zu gewinnen. Ich empfehle Ihnen dringend auch noch, mehr Platz zu schaffen. Mehr Platz für Sie beide. Das wird sich in der Stadt vielleicht nicht realisieren lassen, aber außerhalb könnten Sie für die gleiche Miete mehr Raum finden, in dem jeder von Ihnen seinen exklusiven Bereich hat.«

Als sich David verabschiedete, fragt er nach einem zweiten Termin, um über »das Ding« mit seinem Vater zu sprechen, doch ich regte an, erst einmal eins nach dem anderen anzugehen. Nach zwei Jahren kamen die beiden aber zu einem zweiten Gespräch. Sie hatten tatsächlich geheiratet, waren umgezogen. David fiel es aber immer noch schwer, sich von seinem gut bezahlten Job bei der Stadt zu verabschieden.

Zuerst einmal fragte ich aber nach ihrer Eheschließung. Sie berichten, dass sie einfach beim Standesamt waren, was für sie das Richtige gewesen sei. David erwähnte, dass er sich diebisch gefreut habe, davon seinem Vater zu erzählen. Aber als er davon berichtet, dass dieser gefragt habe, warum er nicht zum Fest eingeladen gewesen sei, brach seine Stimme leicht.

Ich fragte deshalb nach, was denn zwischen seinem Vater und ihm vorgefallen sei. David wurde ein bisschen rot, schwieg und erklärt dann: »Mein Vater ist ein Mistkerl. Wenn wir eine Feier gemacht hätten, hätte er große Reden geschwungen, obwohl er Birte keines Blickes gewürdigt hat, als sie das erste Kind erwartete.« Der Vater hätte sie beide nur abgewertet, die Mutter hätte wie immer geschwiegen. Er überrenne alles, zum einen mit seiner Negativität, zum anderen mit seiner Selbstdarstellungssucht.

David hilft das Rückgaberitual (das weiter hinten noch ausführlicher beschrieben wird). Danach fühlte er sich erleichtert und ohne Hass. Vielmehr waren in ihm Geschichten aufgestiegen, die ihm sein Vater erzählt hatte, wie aussichtslos die Familiensituation früher gewesen wäre, wie hart die Lebensbedingungen. David wurde klar, dass er viele Gefühle, die er gegenüber seinem Vater und auch sonst empfand, von seinen Eltern, Großeltern und womöglich weiterer Vorfahren übernommen hatte. Er wollte sich das genau ansehen, damit er diese Muster nicht an seine Kinder weitergeben würde. Ich empfahl ihm, das Rückgaberitual immer wieder in Gedanken zu wiederholen. Ich fragte auch Birthe, wie es ihr mit alldem gehe. Birthe war beeindruckt und berührt von dem, was David ausgedrückt hatte: »Ich verstehe jetzt, warum du so zögerlich bist, wenn es um Neues geht. Du brauchst Sicherheit. Ich will dich deshalb nicht mehr drängen, zum Beispiel zu einer Selbstständigkeit. Mach das in deinem Tempo. Ich warte auf dich!« Dem hatte ich nichts mehr hinzuzufügen.

Das zweite Beispiel handelt von Paul, der sein Problem folgendermaßen schildert: »Ich fühle mich von meinen Kindern mit ihren Bedürfnissen und Ansprüchen überfordert. Ich habe das Gefühl, dass ich das alles nicht schaffen kann. Es ist mittlerweile so schlimm, dass ich mir überlegt habe, die Familie zu verlassen, weil ich diesen Druck kaum noch aushalte. Und gleichzeitig fühle ich mich schlecht, solche Gedanken zu haben. Denn irgendwie spüre ich, dass es wohl mehr mit mir zu tun hat als mit den Kindern.«

In unserem Gespräch konnten wir herausarbeiten, dass sich Paul immer wieder von seinen Kindern an seine eigene Kindheit erinnert fühlte. Wenn er als Kind laut war und dann als aufdringlich und nervend empfunden wurde, wurde er in sein Zimmer geschickt, um sich zu beruhigen. Er wurde allein gelassen und für sein Verhalten bestraft. Das wollte Paul auf keinen Fall bei seinen Kindern wiederholen. Allerdings war ihm nicht bewusst, wie stark seine Kindheitserlebnisse durch seine eigenen Kinder wieder in ihm aufgerufen wurden und ihn belasteten.

Paul war fünf Jahre alt, als sein Vater die Familie verließ. Der Kontakt brach ab, bis er ihn später ein bis zwei Mal im Jahr traf. Ich fragte Paul, wie er sich damals gefühlt hatte, als sein Vater aus seinem Leben verschwand. Er antwortete darauf, dass er weder ein Gefühl noch eine Erinnerung habe.

Paul hatte die traumatischen Erinnerungen ausgeblendet, weil es für ihn zu schmerzhaft war, die frühen Verletzungen noch einmal spüren zu müssen. Für ihn schien es nur den Weg zu geben, die Partnerin und die Kinder zu verlassen und es dem eigenen Vater gleichzutun.

Ich erklärte Paul, dass es für ihn und seine Familie von entscheidender Bedeutung sei, diese Emotionen – die mit seiner Kindheit verknotet schienen – anzuschauen und sich bewusst zu machen. Dies würde ihm die Möglichkeit geben, nicht mehr Getriebener dieser Emotionen zu sein, sondern sie umzuwandeln.

In diesem inneren Konflikt wäre es also, wenn Paul, weil er sich selber nicht mehr ausgehalten (jedoch die anderen dafür verantwortlich gemacht) und von seiner Familie getrennt hätte, zu einem weiteren Bruch gekommen. Dabei wäre jetzt eine Reparatur dieses frühen Bruchs die passende Beziehungsmedizin, statt sich zu trennen.

Wir können frühe Brüche in unserem Leben heilen,
indem wir uns mit dem, was wir selbst als Kinder
in dieser Zeit erlebt haben, auseinandersetzen.
Nicht die frühen Verletzungen sind das Entscheidende,
sondern ob es uns gelingt, diesen Weg einzuschlagen.
Immer wieder brauchen wir dazu fachliche Unterstützung.

Nach einem halben Jahr trafen wir uns wieder. Paul erzählte mir, dass er einen Therapeuten gefunden habe, der ihm half, diese frühen Verletzungen aufzuspüren und zu verarbeiten. Durch den therapeutischen Prozess war er in der Lage, seine Beziehung zu seiner Frau und zu seinen Kindern zu klären. Er empfand wieder Liebe zu ihnen und konnte sie so akzeptieren, wie sie sind, und nicht so, wie sie seiner Meinung nach sein sollten. Das war ein großer Gewinn für die ganze Familie und vor allem für ihn.

Schließlich gab es da Martin, der immer den Eindruck hatte, seine Frau wolle einen anderen aus ihm machen. Sie hatte zwei Gespräche mit mir, danach rief mich Martin an, um mit mir einen Termin zu vereinbaren. Obwohl er von so etwas eigentlich nichts halte.

Er legte gleich los: »Ich bin, wie ich bin. Meine Frau sagt, ich sei immer gleich geblieben, aber damals war sie froh, einen Versorger gefunden zu haben, der ihr Sicherheit gab. Sie hat sich in den zehn Jahren unserer Ehe beruflich sehr weiterentwickelt und verdient mittlerweile gutes Geld, das sie unabhängig von mir macht. Und nun hat sie Flausen im Kopf und überlegt, ob sie sich trennen soll!«

Durch die Situation kam Martin stark unter Druck, und er hatte Angst, seine Frau würde mit seinem Sohn weggehen. Diese Vorstellung plagte ihn sehr: »Ich habe riesige Angst vor Veränderung. Aber ich bin doch nicht krank. Ich weiß nur nicht, was ich machen soll, wenn mich meine Frau verlässt. Da würde ich am liebsten abhauen, weit weg. Weg von dem Druck, der Angst zurückzubleiben, meinen Sohn zu verlieren und dann ... allein zu sein. Ich war als Kind viel allein. Ich war nicht im Kindergarten, der hat meiner Mutter nicht gepasst. Doch mein Vater und meine Mutter haben beide gearbeitet, und ich war allein.«

Martin kam wieder auf seine Frau zu sprechen. Ihren Wunsch nach Veränderung nahm er als Vorwurf wahr, nicht zu genügen, und entsprechend drehten sie sich in einem Kreis aus Vorwürfen und Gegenvorwürfen. Im weiteren Gespräch stellte sich aber heraus, dass Martin dieses Muster gerne durchbrechen wollte. Mit vierzig Jahren werden wir immer mehr an unsere Endlichkeit erinnert. Diese Endlichkeit, nicht die Angst vor dem Tod, sondern unsere Endlichkeit gibt uns die Kraft zu entscheiden, dass man nicht mehr so weitermachen will wie bisher. Es ist immer gut, wenn wir feststellen, dass wir den Mist, der gerade zwischen uns passiert, nicht weiterleben wollen, und selbst eine Musterunterbrechung in Angriff nehmen. Dazu möchte ich jeden sehr ermutigen, denn man schafft sich dadurch wichtige Wahlmöglichkeiten, statt blind reagieren zu müssen.

Ich schlug Martin ein Ritual vor: »Sie atmen zehn Mal tief ein und aus, bevor Sie einen Ton erwidern. Möglicherweise gehen Sie auch nach draußen, um sich ein bisschen der emotionalen Ladung zu entledigen. Gehen Sie ein paar Schritte, atmen Sie tief durch, erinnern Sie sich, dass Sie die kommenden Jahre miteinander gut verbringen wollen. Fragen Sie sich, wo Sie vielleicht Fehler gemacht haben. Wenn man sich räumlich trennt, können sich beide wieder abkühlen und anschließend darüber sprechen, was wirklich wichtig ist. Sprechen Sie dabei lieber über sich selbst als über den anderen.«

Meine Frau und ich, wir haben auf diese Art und Weise, durch Bewusstwerdung der Streitprozesse, durch emotionale Entspannung, durch Verlassen der Streitsituation und Abkühlen, gelernt, dass wir eine Wahl haben, ob jetzt Streit sein muss oder nicht. Mit den Jahren hat sich unsere Beziehung wesentlich entspannt. Das ging nicht von heute auf morgen, aber ab einem bestimmten Punkt wurde es fast täglich besser. Als ich eine harte Diagnose bekam und zwei große Operationen folgten, die ich sehr gut überstanden habe, haben wir von jedem einzelnen Tag dieses entspannten Zusammenseins profitiert, und uns auf die wichtigen Dinge des Lebens konzentrieren können. Es tut Beziehungen gut, wenn es um Wesentliches geht. Sinnloses, wie destruktiver Streit, tötet dagegen jede Beziehung.

Oft haben Paare etwas Wichtiges verloren, ohne es bemerkt zu haben. Meist wird dann über Äußerliches gestritten, wo es doch um Inneres geht.

Das Rückgaberitual

Übernommene Gefühle – also fremde Gefühle, die nicht dem eigenen Leben entstammen – können zu einer immensen Belastung für die Betroffenen werden. Häufig entstehen diese Gefühle im frühen Lebensalter, wenn Kinder versuchen, den Kummer der Eltern zu lindern, indem sie ihr Leid mittragen. Das ist niemals möglich und auch eine unzumutbare Überforderung, die Eltern entlasten zu wollen, indem ein Kind die schmerzhaften Emotionen des Erwachsenen teilen möchte. Dies kann weitreichende negative Folgen haben, wie die folgende Geschichte veranschaulicht:

Christian kam in die Beratung, weil er unter Angstzuständen litt, wenn die Kinder oder seine Frau mit Problemen zu kämpfen hatten. Er konnte dann nicht schlafen, weil er sich so viele Gedanken machte. Jetzt wollte er das ändern, weil ihm bewusst geworden war, dass hinter diesen Gefühlen mehr steckte. Er merkte, dass ein großer Anteil dieser Aufregung unnötig war und nicht zu ihm »gehörte«. Das Fantasieren von Worst-Case-Szenarien entsprach eigentlich auch gar nicht seinem Charakter, denn er war ansonsten ein pragmatischer Mensch. In der Beratung empfahl ich ihm deshalb, ein Rückgaberitual für mögliche übernommene Gefühle.

Zuerst versuchten wir zu klären, woher diese Gefühle kommen könnten. Für Christian war sofort klar, dass sie von seiner Mutter stammten, die sich nur dann wertvoll und gebraucht fühlte, wenn sie sich Sorgen um andere machte und diese auswalzte. Vielleicht empfand sie es als Anteilnahme oder eine Form von Liebe und übertrug das auf ihren Sohn. Für die Adressaten war es eher verunsichernd, erschöpfend und störend.

Christian führte das Rückgaberitual durch, indem er einen symbolischen Gegenstand, in diesem Fall einen Stein, nahm und ihn auf einen Stuhl, der ihm gegenüberstand, mit den Worten legte: »Liebe Mami, ich gebe dir zurück, was deins ist, und behalte, was meins ist. Und wenn du kannst, gibst du es dorthin zurück, wo es herkam.«

Bei diesem Ritual ist es wichtig, immer den Namen zu verwenden, mit dem die Klientin oder der Klient seinen Elternteil als Kind angeredet hat, zum Beispiel Mama, Mutti, Papa oder Vati etc., und auf jeden Fall in der Sprache, die das Kind damals gesprochen hat.

Ein solches Rückgaberitual kann man immer wieder in Gedanken wiederholen oder Variationen finden, z.B. indem man einen Stein mit den oben geschilderten Worten in einen Bach oder ein Papier ins brennende Feuer wirft, mit den Worten: »Ich gebe dir zurück, was deins ist, und behalte, was meins ist.«

Christian wiederholte das Ritual einige Male. Ich empfahl ihm, es auch später immer mal wieder durchzuführen, sich beispielsweise bei einem Spaziergang einen Stein zu suchen und mit den gleichen Worten wegzuwerfen. Er rief nach ein paar Tagen an und war völlig verblüfft. »Es hat geholfen! Ich schlafe durch, ich bin frei, ohne meine Mutter zu belasten.«

Das überkommene Gefühl, das Sie empfinden, oder die Verhaltensweise, die Sie übernommen haben, kann natürlich nicht nur Sorge sein, und es muss Sie auch nicht gleich den Schlaf kosten. Aber vielleicht fällt Ihnen bei dieser Geschichte etwas ein, das eher Ihren Eltern gehört als Ihnen. Vielleicht ist es Zorn oder der Eindruck, immer etwas erledigt haben zu müssen. Dann können auch Sie dies Ihrem Vater oder Ihrer Mutter zurückgeben.

Verzeihen

Ein Vater, nennen wir ihn Simon, erzählte mir, wie schwer es ihm fiel, mit seinem eigenen Vater zu sprechen, selbst als dieser im Sterben lag. Schon Jahre zuvor hatte Simon seinem Vater verziehen, dass er nicht der Vater sein konnte, den Simon als Kind gebraucht hätte. Doch dieser wusste nichts davon. Deshalb wollte Simon diese letzte Möglichkeit nutzen, um die Sprachlosigkeit zu überwinden, die zwischen ihnen herrschte. Der nahende Tod des Vaters machte beide weich in ihren Urteilen und öffnete Simon für seine Verletztheiten.

Er suchte eine Gelegenheit und sprach zu seinem Vater: »Es muss damals schwer für dich gewesen sein, mich zu bekommen und nicht wegzulaufen. Du bist bei Mama geblieben, obwohl du das Gefühl hattest, dein Leben aufzugeben. Ich bin sicher, dass viele deiner Freunde dir geraten haben, das Weite zu suchen. Ich danke dir, dass du trotz allem zu mir und Mama gestanden hast, egal, was später passiert ist. Ich danke dir und Mama für mein Leben. Vermutlich wusstest du oft nicht, was du tun solltest, aber du hast das Beste getan, was du konntest. Das ist für mich in Ordnung. Ich habe damit schon vor langer Zeit meinen Frieden gemacht.«

Als erwachsener Mann und mittlerweile selber Vater gelang es Simon, seinen eigenen Vater besser zu verstehen. Er konnte ihn nicht nur als den Mann sehen, der ihn, den Sohn, vernachlässigt hatte, weil die Arbeit für ihn an erster Stelle stand. Er sah seinen Vater auch als jungen Mann, der sich um seine Zukunft betrogen fühlte. Simons Vater hätte gern studiert, aber dann musste er eine Familie ernähren. Er »funktionierte« so sehr, dass die Zeit und die Gefühle für Simon auf der Strecke blieben. Simon konnte die Umstände nun aus der Perspektive seines Vaters sehen und machte sie ihm nicht mehr zum Vorwurf. Er hatte alles drangesetzt, nicht in die Fußstapfen seines Vaters zu treten. Das hat ihn letztlich mit sich sowie mit ihm versöhnt, und er teilte dies seinem sterbenden Vater mit. Danach fühlte er sich erleichtert, und er bemerkte einen friedlichen Gesichtsausdruck bei seinem Vater.

Verzeihen ist das Anerkennen, dass ich keine andere Vergangenheit hatte. Verzeihen heißt das zu akzeptieren, was ist und was war. Es bedeutet, die Hoffnung aufzugeben, dass der eigene Vater es nicht so gemeint hat. Er konnte damals nicht anders und das hat unendlich wehgetan. Das ist die Wahrheit.

Mithilfe einer Therapie gelang es Simon, die Wunden der Vergangenheit zu heilen und vernarben zu lassen. Er schloss die Therapie nach kurzer Zeit ab, da er sich schon sehr seines Schicksals und was mit ihm geschehen war bewusst war. Er konnte sich davon lösen, Schuldzuweisungen aufrechtzuerhalten, ohne irgendetwas zu beschönigen. Er spürte, dass das Verhalten seines Vaters nicht böswillig gegen ihn, den Sohn, gerichtet war, sondern dieser es nicht besser wusste und sich keine Alternativen vorstellen konnte. Als Simon aufhörte, den realen Vater mit einem idealisierten Vater zu vergleichen, fühlte er sich befreit.

Nobody is perfect

Ich habe es schon an einer früheren Stelle des Buches gesagt: Versuchen Sie niemals, ein *perfekter* Vater zu sein. *Gut* reicht allemal. Wer perfekt sein will, legt diesen Maßstab auch an andere an. Das kann gegenüber der Partnerin und den Kindern zu Konflikten führen, denn die eigene Einschätzung, was perfekt ist und was nicht, ist stets subjektiv. Zudem ist es immer fragwürdig, die eigenen Maßstäbe auf andere zu übertragen und sie danach zu beurteilen.

Eine andere Perspektive schaffen wir nur, wenn wir in einen neuen Modus schalten, weg von der Perfektion hin zu »so gut es gerade geht«.

Ein Kind empfindet unermessliche Liebe für seine Eltern. Diese tiefe Verbundenheit und Liebe ist für viele Väter nicht nachvollziehbar, weil sie sie selbst von ihren Eltern nicht bekommen haben. Unsere Kinder aber wissen nicht, was uns, ihren Vätern, vorenthalten wurde. Sie lieben uns bedingungslos, weil sie von uns abhängig sind, um zu überleben. Was ist dieses unverdiente Geschenk für uns im Vergleich zum Verlust von etwas Perfektion?

Kinder brauchen uns, sie nähren sich von unserer Persönlichkeit, doch dazu müssen wir anwesend sein. Und es kommt drauf an, wie wir das tun: Sind es unsere versteckten Aggressionen, weil wir Wichtigeres zu tun haben, als mit dem Kind zu spielen? Es geht nicht darum, sich stets mit dem Kind zu beschäftigen, sondern vielmehr darum, anwesend, präsent und zugewandt zu sein und dem Kind zu vermitteln, dass es geliebt wird.

Natürlich lieben wir unsere Kinder – auf irgendeine Art und Weise. Entscheidend aber ist, dass wir uns von dem kleinen, sich entwickelnden Menschen faszinieren lassen, und ihn nicht mit anderen vergleichen. Jeder Mensch ist ein Unikat und in ebendieser Besonderheit wertvoll. Auch wenn diese Besonderheiten von uns als solche wahrgenommene Defizite beinhalten, ist es gar keine so große Kunst, auch diese zu mögen. Es ist mein Entschluss, ob ich mich an den vermeintlichen Unzulänglichkeiten aufreibe, die vielleicht nicht zu ändern sind, oder ob ich mich entscheide, mein Kind zu mögen, wie es ist. *Ich mag dich, wie du bist* – wie froh wären wir gewesen, wenn wir diesen Satz von unseren Eltern gehört hätten.

Auch wenn wir selbst als Kind diese Erfahrung vermisst haben, so ist jetzt der Zeitpunkt gekommen, sie unseren Kindern zu vermitteln. Damit wir als Väter nicht eines Tages bedauern, die Chance verpasst zu haben, unsere Kinder wirklich kennenzulernen.

Was ich hier mit Defiziten beschreibe, sind Dinge, die unsere Erwartungen zerstören. Ein Mann hatte sich auf einen gesunden Sohn gefreut, doch er wurde Vater eines Mädchens mit einer Behinderung. Sein erster Impuls war zu flüchten, denn er war enttäuscht und fühlte sich zugleich überfordert. Er wollte mit all dem nichts zu tun haben, und außerdem fürchtete er sich vor den Reaktionen seines Umfelds auf das Kind.

In vielen Nächten trug er das Baby herum, um es in den Schlaf zu wiegen, damit seine Frau entlastet wurde. Durch diese Nähe zum Kind veränderte er sich. Als es friedlich auf seinem Arm eingeschlafen war, betrachtete er es. Er erkannte seine Verletzlichkeit, als es sich an ihn schmiegte, sein bedingungsloses Vertrauen zu ihm. Er spürte, wie er gebraucht wurde. Und er konnte dieses Gefühl zulassen und es genießen. Es zählte nur, dass das kleine Mädchen da war und dass es ihm gut ging. Alles andere war gleichgültig.

Durch Nähe und Annehmen erfährt das Kind, dass es keine unerwünschten Eigenschaften hat, sondern sich frei entwickeln darf.

Forscher wissen inzwischen, wie wichtig es ist, dass Väter aktiv während der Schwangerschaft sind, mit dem ungeborenen Kind sprechen oder den Bauch der Mutter streicheln. Und nach der Geburt so schnell wie möglich in einen engen und häufigen Kontakt mit dem Kind kommen.[4]

Viele Männer haben nicht gelernt, Gefühle zu zeigen. Möglicherweise hat uns dies in unserer Kindheit das Leben gerettet, zumindest war es damals unsere Überlebensstrategie, um uns schwierigen Bedingungen anzupassen. Diese Anpassungsleistung wieder rückgängig zu machen, ist für viele Männer schwierig. Sich darauf einzustellen, dass wir heute keine hilflosen, den Eltern ausgelieferte Kinder mehr sind, sondern Erwachsene, die gut auf sich aufpassen und Grenzen setzen können, wenn ihre Integrität gefährdet ist, ist aber notwendig. Ich habe immer wieder erlebt, wie Menschen dadurch große Kompetenzen erworben haben und ihnen Lebensthemen leichter erschienen, weil sie sie und sich selbst nun besser verstanden.

Manchmal kann hier eine psychologische Beratung oder Therapie nützlich sein. Immer mehr junge Väter und Mütter holen sich Hilfe für das eine oder andere Lebensthema, das sie allein nicht bewältigen können.

Hintertüren

Viele Männer lassen sich in Beziehungen sogenannte Hintertüren offen, häufig in Form einer Außenbeziehung. Es sind Fluchtwege, um sich den Erwartungen und Ansprüchen der Partnerin zu entziehen und sich nicht auf die Beziehung einzulassen. Hintertüren leben im Geheimen, Verborgenen, frei nach dem Motto: Mach nur so weiter, dann such ich mir eine andere.

Hintertüren fallen für immer zu, wenn sich jemand zu hundert Prozent für seinen Partner entschieden hat und an der Beziehung arbeiten möchte. Es bedeutet, Ja zu einer Beziehung zu sagen und nicht beim ersten Konflikt sofort das Weite zu suchen.

Max erzählte in einer Beratung, dass er sich immer Hintertüren für neue Erfahrungen mit anderen Frauen offen gehalten habe, während seine Frau für ihre gemeinsamen drei Kinder da gewesen war und um ihre Beziehung kämpfte. Erst jetzt, nach langer Zeit, sei ihm klar geworden, wie destruktiv sein Verhalten gewesen sei – für seine Frau und ihn selbst.

Als seine Frau erfuhr, dass Max sie betrog, wurde vieles anders. Sie änderte ihre Einstellung zu ihm. Plötzlich war er nicht mehr so wichtig für sie wie früher. Die Kinder waren aus dem Gröbsten raus. Sie verdient ihr eigenes Geld. Sie sagte: »Mach doch dein Leben kaputt, meines aber nicht.« Jetzt war für Max der Moment gekommen, die Hintertür aus seinem Kopf für immer rauszureißen und sich wirklich für seine Frau zu entscheiden. Diese Entscheidung lag mittlerweile zwei Jahre zurück und änderte in seiner Beziehung alles – zum Positiven. Max hatte erkannt, dass diese Hintertüren der Anfang vom Ende einer Beziehung sind.

Männer, die ihre Familie verlassen, haben aus ihrer Sicht immer einen triftigen, unanfechtbaren Grund, warum sie nicht bleiben können. Sie sind fest davon überzeugt, keine andere Wahl zu haben.

Väter, die ihre Familien verlassen, sind oftmals nicht in der Lage, sich in die Situation der verlassenen Mutter und des Kindes hineinzuversetzen. Weil die Not, vor der sie weglaufen, alle anderen Gefühle überstrahlt.

Diese Väter geben damit ihr Schicksal an die nachfolgende Generation weiter, indem beispielsweise ihre Kinder dem Vorbild ihres Vaters folgen und später auch ihre Familie verlassen.

Oder sie vermitteln dem Kind, es sei nicht wichtig genug, dass sein Vater sich um es kümmere. Stefan berichtete in einem meiner Kurse, dass sein Vater die Familie verließ, als er noch ein Kleinkind war. Die anderen Kinder zogen ihn deshalb auf. Lange Zeit dachte er, dass ihm der Verlust des Vaters egal sei. Sein Vater hatte Stefan nie als Versager bezeichnet. Unbewusst aber deutete er die Tatsache, dass sein Vater die Familie verlassen hatte, so, dass er, der Sohn, es nicht mal wert gewesen sei, dass sein Vater geblieben wäre. Es musste an ihm gelegen haben. Er dachte, er sei der Versager und deshalb schuld, dass der Vater abgehauen sei. Darüber hinaus fehlte ihm eine Bezugsperson, um zu lernen, was männlich ist. In der Pubertät orientierte er sich dann an schlechten männlichen Idealen. Es war für ihn ein steiniger Weg, bis er sich und seiner Männlichkeit vertrauen konnte. Dass seine Entwicklung glücklicherweise einen positiven Weg nahm, wäre ohne den Zuspruch seines Sportlehrers, der ihm immer ein großes Vorbild war, nicht möglich gewesen. Geholfen hat ihm auch, dass er seinen Vater mit zwanzig Jahren das erste Mal traf und sie einfach miteinander reden, schweigen und weinen konnten.

Briefe an abwesende Väter

Vater, ich schreibe dir, damit ich dich nicht vergesse. Ich weiß, dass du nicht zurückschreibst. Du schweigst, und ich schreibe dir weiterhin. Damit sich nicht noch mehr zwischen uns legt, noch mehr nicht Gesagtes. Damit du mir nicht noch fremder wirst, schreibe ich dir. Bist du immer noch wütend auf mich, meine Mutter, die Welt? Deine Wut, die immer schon zum Lachen für mich war. Doch als ich klein war, traute ich mich nicht zu lachen und hatte Angst. Heute habe ich Mitleid mit dir, Mitleid, dass du dir selbst so wenig wert bist, dieser Wut endlich auf die Spur zu kommen. Du hörst einfach auf, wenn deine zerstörerische Wut mal wieder Menschenherzen mit Worten und Taten klein gewütet hat. Du hast nie verstanden, dass dein Gegenüber nie der Anlass für deine Wut war. Diese Wut rührt aus deiner frühesten Kindheit. Damals, als du so klein warst wie ich. Schau endlich hin, du Narr – ich brauche dich doch. Deine Einsamkeit macht mich auch einsam. Ich will dir nicht immer ähnlicher werden müssen, wenn ich dich nie sehe. Trotz der Ferne waren wir uns so nah.

Dein Daniel

Als du uns verlassen hast, dachte ich, du wärst wegen mir gegangen. Es muss an mir gelegen haben, ich war nicht stark genug. Jetzt weiß ich, dass du dich selbst verlassen musstest. Ich war stark damals. Ich war ein tapferes Kind und lehnte Schwäche bei allen anderen ab, vor allem bei mir. Ich war davon überzeugt, stark sein zu müssen. Und natürlich habe ich stets Abstand gehalten zu allen, die mich hätten schwach machen können. So bin ich immer weiter stark geblieben. Wer stark ist, braucht niemanden, er ist unabhängig von allen anderen.

Doch an diesem Ort, an den ich mich damit begeben habe, war nur Einsamkeit. Als ich mich aufgemacht habe, um mich zu finden, habe ich die Einsamkeit, die in mir war, verlassen. Als ich immer mehr mit mir in Kontakt kam, wurde mir klar, dass ich gar nicht so bin, wie ich dachte, dass ich sein müsste, um dir zu gefallen. Ich war nicht immer stark, viel öfter weich, ich war nicht so tapfer, nicht so kalt wie du in meinen Fantasien, die mich mit dir verbunden haben. Diese Fantasien blühten in mir, weil du oft weg warst, immer Wichtiges zu tun hattest. Vieles war wichtiger als ich. Ich dachte, wenn ich nur so werde, wie mein Vater mich haben möchte, wendet er sich mir mehr zu und ich bin wichtig. So war es nicht.

Erst mit meinen eigenen Kindern habe ich die Last des Rückzugs in mich selbst überwunden, weil ich nicht wollte, dass sie mich nachmachen. Es fiel mir schwer, ihre Weichheit, ihre Konturlosigkeit auszuhalten. Meine Kinder sind nicht stark. Und genau das hat sie stark gemacht, dass ich sie sehen konnte, wie sie waren. Ohne Reklamation und Erziehung. Leider sieht es so aus, dass du dich noch nicht wiedergefunden hast. Und trotzdem danke ich dir für mein Leben und alles Gute, das ich von dir bekommen habe,

dein Ferdinand.

Lieber Papa ...

Vor einiger Zeit rief mich ein Vater an, der mir eine lange Liste von Fragen per E-Mail geschickt hatte. Seine Fragen drehten sich immer wieder um eine problematische Situation, die viele Eltern kennen: Wie gelingt es mir, dass mein Kind gehorcht, ohne dass ich es bestrafen muss? In seinem Fall handelte es sich um folgende Situation: Wenn er abends abgespannt und müde nach Hause kam, seine Frau umarmte und ihr einen Kuss auf die Wange gab, tauchte sein Sohn auf und haute ihn. Der Vater verbot ihm das, weil er körperliche Gewalt generell ablehnte. Aber es änderte sich nichts, und der Junge haute ihn weiterhin, wenn er abends heimkam. Der Vater war ratlos.

Ich versuchte, dem Vater die Situation aus Sicht seines Sohnes zu schildern. Der Fünfjährige blieb bis zum frühen Nachmittag im Kindergarten, kam dann nach Hause, wo er mit seinem älteren Bruder zu spielen versuchte, was manchmal gelang. Doch er vermisste seinen Vater, der nur am Wochenende Zeit für ihn hatte und sich mit ihm beschäftigte.

Jetzt kam der Papa endlich, aber statt sich sofort um ihn zu kümmern und für ihn da zu sein, hatte er anderes zu tun. Der Junge konnte seine Verzweiflung nur ausdrücken, indem er den Papa haute, um auf diese Weise etwas Aufmerksamkeit zu erhalten. Es war ein verzweifelter und hilfloser Aufschrei, dass er seinen Papa *jetzt* brauchte.

Als der Vater diese Deutung hörte, war er sehr berührt. Endlich ergab das Verhalten seines Sohnes Sinn für ihn, und er konnte die dahintersteckenden Bedürfnisse erkennen, die das Kind nur durch Hauen auszudrücken vermochte.

Es ging darum, die Not seines Kindes anzuerkennen und seine Bedürfnisse zu erfüllen. Um dafür Kraft zu schöpfen, machte der Vater nun einen kurzen Spaziergang, bevor er nach Hause ging. Er genoss die frische Luft, ließ seinen Arbeitstag los, atmete tief ein und aus. Das tat ihm gut und seiner Familie auch. Er war nun entspannt und offen anwesend, verständnisvoll, das Aufgewühlte seines Sohnes sehend und konnte beruhigend für ihn da sein. Seitdem hat ihn sein Sohn übrigens nicht mehr gehauen.

Selbstwert

Über den Selbstwert ist schon viel gesagt und geschrieben worden, denn er ist die Grundlage für ein glückliches und erfülltes Leben. Da Väter an der Schaffung eines starken Selbstwertes bei ihren Kindern in einem hohen Maß beteiligt sind, gehe ich darauf besonders ein.

Um uns dem Begriff anzunähern, könnte eine erste Definition lauten: Mit einem guten Selbstwertgefühl weiß ein Mensch, wer er ist und wie er sich fühlt. Selbstgefühl erwächst aus der eigenen einzigartigen und unverfälschten Wesenheit. Selbstvertrauen hat man in die Fähigkeit, etwas schaffen zu können, also zum Beispiel 3,50 Meter weit springen zu können.

Der Selbstwert entwickelt sich in der Familie. Gute Beziehungen zwischen Partnern und zu ihren Kindern zeichnen sich dadurch aus, dass die Erwachsenen als Team zusammenarbeiten. Sie wissen, dass sie selbst wie auch ihre Kinder individuell sind. Sie achten diese Unterschiede, weil sie jedes Familienmitglied als einzigartig wahrnehmen. Sie werten Konflikte als Folge dieser Verschiedenheit und lernen, gemeinsam damit umzugehen.

Ein starker Selbstwert bildet sich, wenn wir die Integrität des Kindes nicht verletzen.

Destruktiv für Selbstwert sind natürlich physische und psychische Gewalt sowie sexuelle Übergriffe. Aber es ist auch die Definitionsmacht der Erwachsenen, die das Selbstwertgefühl des Kindes beschädigen kann: permanente Kritik, übertriebene Sorge, ständiges Ermahnen und Bestrafen – als wäre die Erziehung des Kindes ein »Projekt«, das perfekt gemeistert werden müsste.

Wir können als Erwachsene unseren Selbstwert stärken, indem wir eine persönliche Sprache verwenden und zum Beispiel »ich will« oder »ich will nicht« sagen. Damit begeben wir uns (wie es Virginia Satir schon vor Jahrzehnten sagte) vom hierarchischen Modell, in dem einige wenige das Sagen haben, die wissen, was »das Richtige« ist, zum Wachstumsmodell.[5] Im Wachstumsmodell sind die Menschen gleichwürdig, es gibt verschiedene Möglichkeiten, die gesehen werden. Zusammenhänge werden sichtbar. Es entsteht ein Vertrauen in den Prozess der Veränderung. Um das zu veranschaulichen: Das hierarchische Modell setzt voraus, dass das Bedürfnis nach Sicherheit es erfordert, den Status quo aufrechtzuerhalten. Menschen sehen Veränderungen als unerwünscht und anomal an. Deshalb lehnen sie sie ab und wehren sich dagegen. Das Wachstumsmodell dagegen lässt das Gefühl der Sicherheit aus dem Vertrauen in den Prozess der Veränderung und des inneren Wachstums entstehen. Menschen sehen dann Veränderung als einen kontinuierlichen, essenziell und unausweichlichen Prozess an. Deshalb begrüßen sie die Veränderung und sind darauf vorbereitet.

Ein Vater kann das Kind auch durch sein Vorbild stärken. Theoretisches Wissen ist hierbei nicht hilfreich. Was dem Kind weiterhelfen wird, ist ein stabiles Selbstwertgefühl, getragen von einem Vertrauen in sich selbst. Das können Kinder nicht alleine bewerkstelligen, sondern dazu brauchen sie Väter, die ihnen vertrauen und an sie glauben. Das in sie gesetzte Vertrauen stärkt sie, und sie können es für ihr späteres Leben nutzen.

Um Brüche und Verletzungen, die wir erfahren haben, zu heilen, müssen wir selbst ein starkes Selbstwertgefühl entwickeln. Das kann ich aus eigener Erfahrung bestätigen. Dabei kommt uns Vätern unsere eigene Vergangenheit zu Hilfe. Vorbilder ohne Verletzungen und Beschädigungen sind unrealistisch. Wenn wir also davon ausgehen können, dass es keine Biografie ohne Brüche und Wunden gibt, können wir auch dazu stehen. Wir können aus dem Wissen und Spüren heraus, was damals war, aus einer gewissen Demut heraus, auf unsere Kinder schauen und uns und ihnen verzeihen, was geschehen ist. Und neu beginnen, mit Klarheit.

Vatersein kann man nicht von Müttern lernen!

Lange Zeit herrschte in der Forschung die Auffassung, dass Väter bei der Entwicklung des Kindes eine sekundäre Rolle spielen. Die Anthropologin und Oxford-Professorin Dr. Anna Machin hat jedoch wissenschaftlich belegt, dass für die Ausbildung des Selbstbewusstseins und der Geschlechtsidentität in der Erziehung der Vater eine maßgeblichere Rolle spielt als die Mutter. Er bereitet das Kind auf die Welt außerhalb der Familie vor.[6]

Bis auf wenige Ausnahmen wollen alle Väter für ihr Kind da sein, und sie geben ihr Bestes. Der Vater wie auch die Mutter besitzen gleichermaßen einen Elterninstinkt. Die Rollen sind jedoch unterschiedlich verteilt. Die Evolution vermeidet Überflüssiges. Es benötigt einen umsorgenden und einen herausfordernden Elternteil. Diese beiden Umgangsweisen mit dem Leben braucht das Kind gleichermaßen.

Das Kind braucht eine ermutigende Bezugsperson und eine, die tröstet, wenn etwas schiefgeht.

Dabei wird bei der Mutter vor allem der Teil des Gehirns aktiviert, in dem Gefühle wie Fürsorge sitzen. Diese Beziehung zum Kind ist nach *innen* gerichtet. Der Vater hingegen aktiviert den Teil des kindlichen Gehirns, der für soziale Interaktion und Kommunikation zuständig ist. Diese Beziehung zum Kind ist nach *außen* gerichtet. Der Vater möchte das Kind voranzubringen, damit es seine Grenzen austestet.

Der Vater baut eine Verbindung zum Kleinkind auf, indem er mit dem Baby spricht, ihm etwas vorsingt oder vorliest. Durch solche Aktivitäten in den ersten zwölf Monaten der kindlichen Entwicklung wird der erste Vater-Kleinkind-Kontakt hergestellt. Für viele Väter ist das oft eine frustrierende Erfahrung, weil es ein halbes Jahr oder länger dauert, bis kleinste Rückmeldungen vom Baby erfolgen. Anna Machin belegt den Vorgang wissenschaftlich: Es werden sogenannte Bindungshormone bei Vater und Kind ausgeschüttet, die die Beziehung festigen.[7] Frühe Interaktionen von Vätern sind außerdem für die kindliche Entwicklung sehr wichtig. Kinder, deren Väter engagiert mit ihnen spielen, wenn sie klein sind, entwickeln ihre kognitiven Fähigkeiten und ihr Verhalten besser. Kinder lernen beim Raufen ihre Gefühle zu regulieren, sie lernen, dass sie ihrem Vater wehtun, wenn sie zu hart zuschlagen, und sie bekommen dieses Feedback in einer sicheren Umgebung.

Das gerade Dargelegte ist eine Orientierung, die für viele zutrifft. Ist damit für alleinerziehende Mütter oder Väter Wichtiges verpasst? Nein, überhaupt nicht. Es gibt innerlich starke Kinder, die mit einer alleinerziehenden Mutter oder einem alleinerziehenden Vater groß geworden sind. Das menschliche Gehirn ist wunderbar plastisch und – während die Forschung noch nicht abgeschlossen ist – sehen wir, wie sich das Gehirn des primären Betreuers bei homosexuellen Väterpaaren verändert, um es ihm zu ermöglichen, sowohl eine Mutter- als auch eine Vaterrolle auszufüllen.[8] Ich stelle mir vor, dass ein ähnliches Phänomen in Ein-Eltern-Familien auftritt. Darüber hinaus ist es selten der Fall, dass auch in zwei Elternhäusern nur die Eltern einen Einfluss auf die Entwicklung eines Kindes haben, andere Familien- und Gemeinschaftsmitglieder sind ebenfalls beteiligt. So gibt es in Ein-Eltern-Familien oft eine Person oder Gruppe von Menschen, die einen Teil der Rolle des fehlenden Elternteils übernehmen können. Es braucht eben ein Dorf, um ein Kind großzuziehen.

Wie weiter vorne schon dargelegt, unterstützt vor allem der Vater sein Kind dabei, die Außenwelt zu entdecken. Häufig beeinflusst er mehr als die Mutter die Entwicklung des Selbstbewusstseins. Durch ihn lernt das Kind, mit Erfolg und Versagen umzugehen. Das beginnt schon in den ersten Wochen. Der freundliche, zugewandte und empathische Blick des Vaters spiegelt und beschreibt, was das Baby in diesem Moment ausdrücken will.

Die genannten wissenschaftlichen Erkenntnisse, dass die Väter für ihre Kinder von der Geburt bis in die Pubertät von großer Wichtigkeit sind, bestätigen sich in meiner praktischen Erfahrung. Väter – so meine Erfahrung – geben die Widerstandskraft, um sich draußen in der Welt durchsetzen zu können (aber nicht zu müssen!) und einen wichtigen Beitrag zu der jeweiligen Gruppe leisten zu können. Väter stärken nach außen, Mütter nach innen. Und beide leisten einen wesentlichen Beitrag für das neue Leben.

Der Neurowissenschaftler, Arzt und Psychotherapeut Joachim Bauer formuliert es folgendermaßen: »Der Säugling kommt ohne ein Selbst zur Welt. Die Anfänge der Selbst-Werdung vollziehen sich in den ersten etwa vierundzwanzig Lebensmonaten und beruhen auf Resonanzen, die der Säugling in seinen Bezugspersonen auslöst und die zu ihm zurückkehren. Seine Bezugspersonen dienen dem Säugling als eine Art externes Selbst.«[9]

Väter wie Mütter bilden sozusagen mit am Selbstgefühl des Neugeborenen, jeder und jede auf seine oder ihre Art. Kinder brauchen Väter mehr, als wir bislang dachten.

Die Vereinbarkeitslüge

In einer Beratungssitzung entspann sich folgendes Gespräch. Auf meine Frage, ob er gern Vater sei, antwortete der Mann: »Ja, ich liebe unseren Sohn abgöttisch.« Als ich ihn fragte: »Machen Sie Ihren Beruf gerne?« kam zurück: »Ja, ich brenne für meinen Job als Ingenieur.« »Und wie schaffen Sie beides?« »Ich muss mich schon zusammenreißen, aber meine Frau und ich sind gut im Organisieren, um den Job und Familie unter einen Hut zu bringen.« Dann schauten seine Frau und er sich nachdenklich an, bis sie sagte: »Es ist die Hölle«, und der Vater tonlos nickte.

Die Vereinbarkeitslüge lässt uns im Regen stehen, und das gilt für Mütter wie Väter. Berufsleben und Familie sollen und können angeblich perfekt gemeistert werden, wird uns vermittelt. Aus dieser unrealistischen Erwartung heraus resultiert dann unser Gefühl, permanent zu scheitern.

Fehlende gut ausgestattete Kitas mit Erzieherinnen, die Kinder nicht nur satt und sauber halten, sondern die sich Zeit für jedes einzelne Kind nehmen können, sind rar. Staatliche Fehlplanung schafft enorme Probleme für Eltern, die gerne arbeiten würden, aber eben auch ihr Kind optimal versorgt wissen wollen. Dass Familienangehörige nicht mehr so nahe zusammen wohnen und deshalb oft nicht unterstützen können, macht die Situation nicht leichter. Überflutender Stress ist die Folge. Die Reaktion der jüngeren Generation ist oft genug: So wie du will ich nicht leben. Ich mach das anders, weniger Arbeit, mehr Freizeit, beide arbeiten Teilzeit. Die erste Generation, die so denkt, kommt mit diesem Arbeitsverständnis gerade im Arbeitsmarkt an und stößt einerseits auf Verständnis (vorwiegend in jungen, flexiblen Unternehmen) und andererseits auf harte Kritik (bei denen, die sagen, das haben wir noch nie gemacht und das wollen wir auch nicht anders). Viele Väter lieben den Druck, lieben den Stress, lieben die Herausforderung in ihrem Beruf. Es ist der Platz für Bestätigung, Anerkennung, Erfolg, Leistung, sie spüren, dass sie gebraucht werden, was sich in einem guten Gehalt ausdrückt. Im Beruf aufzugehen, wird für manche zum Lebenssinn. Daran ist nichts falsch. Aber im Vergleich dazu scheint das Zusammensein mit kleinen Kindern für viele Väter langweilig. Das ist es aber nur so lange, wie man sich nicht in die Welt des Kindes einfühlen will oder kann. Prof. Ruth Feldmann, Neurobiologin an der Reichmann Universität, zeigte, dass sich bei Vätern, die sich für ihr Kleinkind Zeit nehmen, das Gehirn, die Hormone und auch das Verhalten verändern.[10] Deshalb ist das frühe Zusammensein der Väter mit den kleinen Kindern so wichtig, weil sich nur so eine hormonelle Struktur bildet, die Väter ruhig werden lässt und ihnen Entspannung bringt und die wesentliche Basis schafft für die Vater-Kind-Beziehung.

Zeit mit den Kindern ist eine Unterbrechung der beruflichen Aktivität und nicht deren Ende. Wie lange diese Unterbrechung mithilfe bezahlter Elternzeit möglich ist, ist sehr individuell. Ich will hier nur auf ihre große Bedeutung hinweisen, vorübergehend aus der beruflichen Taktung auszusteigen, um Zeit mit dem neugeborenen Kind zu verbringen. Hier geht es also zuerst einmal darum, als Vater für den

Nachwuchs im Kleinkindalter präsent zu sein, wovon auch die Mutter profitiert.

Die Vereinbarkeit von Beruf und Familie wird als erreichbares Ziel propagiert, obwohl dies kaum zu leisten ist.

In der Praxis kann man das zum Beispiel an Patricks Beispiel nachvollziehen. Patricks Frau Julia hatte die Initiative ergriffen. Ihre Mail, mit der sie eine Beratung anfragte, trug die Überschrift: »Jetzt oder nie mehr«. Ihre Botschaft an Patrick war klar: »Entweder du tust was für uns, oder ich muss gehen.« Patrick erkannte, dass es ihr ernst war. Patrick sagte in der Beratung: »Das geht so gar nicht. Zu einem vollen Engagement im Beruf zusätzlich ein volles Engagement in der Familie, das schaffe ich nicht. Schafft niemand! Zu gefühlten hundert Prozent Auslastung kommen noch mal gefühlte hundert Prozent Belastung dazu, das kann niemand tragen, auch ich nicht. Als meine Frau und ich noch keine Kinder hatten, habe ich bis sieben Uhr abends gearbeitet, dann gingen wir essen und hatten Zeit für uns. Da ging das mit der Arbeitsbelastung noch einigermaßen. Jetzt sind die beruflichen Aufgaben gewachsen, komplexer geworden, anstrengender, und unsere beiden Kinder sind auf der Welt. Ich liebe unsere Kinder, habe aber viel zu wenig Zeit mit ihnen. Wenn ich nach Hause komme, bin ich leer und habe keine Kraft mehr. Jedes Kindergeschrei macht mich fertig, dann werde ich ungerecht gegenüber den Kleinen, das tut mir leid, es ist furchtbar. Wir hatten schon einige Paarberatungen, meine Frau sagt, wenn sich nichts ändert, geht sie. In den Paarberatungen wurde uns geraten, dass wir uns Zeit nehmen sollen, abends füreinander da zu sein und uns vom Tag zu erzählen. Das haben wir zwei Mal geschafft, dann ist es wieder verflacht, wie so viele gute Vorsätze.«

Patrick spürte selbst die gewachsene Arbeitsbelastung, er war sehr unzufrieden mit sich, trotz allem wollte er sich am liebsten weitere Belastungen aufbürden. Als seine Frau sich fünf Stunden freie Zeit für sich in der Woche wünschte, versprach er sofort, ihr den Rücken freizuhalten, und machte Terminpläne. Damit packte er noch ein Paket auf den Turm obendrauf.

Patrick steckt in einem fürchterlichen Dilemma: Er will alles schaffen und gerät dabei physisch und mental an seine Grenzen. Er will es allen recht machen: seinen Auftraggebern, seinem Chef, seinen Kollegen, seiner Frau, seinen Kindern, den Eltern, den Schwiegereltern. Patrick läuft seit Jahren auf Reserve und hat keine Idee, wie sich das ändern könnte.

Er hat das alte Konzept verinnerlicht: Die Arbeit geht vor, die Arbeit ist das Wichtigste, davon leben wir. Ich bin selbst so aufgewachsen, in meiner Herkunftsfamilie galt genau das gleiche Credo. Erst die Arbeit, dann das Vergnügen … Doch genau genommen wurde sich nie vergnügt. Entspannung war eher gestohlene Zeit.

Bei unserem Beratungstermin redeten wir über seine Arbeitssituation und seine Tagesabläufe, und ich versuchte ihm klarzumachen, dass er umsteuern und seiner Familie, zumindest für eine Zeit, Priorität einräumen sollte. Den Beruf müsse er an zweite Stelle setzen. Natürlich sprach aus seiner Sicht einiges dagegen: die finanzielle Sicherheit, der persönliche Erfolg und die Erfüllung, die Arbeit mit sich bringen kann. Wenn er sich aber jetzt nicht entscheiden würde, liefe er Gefahr, auf Dauer seine Gesundheit zu ruinieren. Und am Ende wäre die Verschiebung der Prioritäten auch für ihn ein Gewinn.

»Am Ende des Jobs bleibt nur noch die Familie übrig – deshalb sind Karriere *und* Familie wichtig. Wenn ich nur den Job habe, hänge ich am Ende in der Luft«, sagte einmal ein Papa in meinem Väterkurs. Besser kann man es nicht zusammenfassen. Denn was zählt am Ende eines Lebens wirklich? Ein neues berufliches Projekt? Sicherlich nicht. Wenn du auf dem Sterbebett liegst und dich jemand fragt, was würdest du anders machen, dann sagst du nicht, ich hätte mehr Zeit im Büro verbringen sollen. Aber mehr Zeit mit unseren Kindern wäre viel mehr wert gewesen. Wer und was wird für uns noch wichtig sein, wenn sich unser Leben dem Ende zuneigt? Das 53. Projekt? Sicher nicht. Es werden unsere guten Beziehungen zu unseren Kindern, Enkel und Partnern sein. Und diese guten Beziehungen brauchen Zeit und Kraft. Unsere Zeit und Kraft. Und unsere Entscheidung, Familie vor den Beruf zu setzen, zumindest für eine Zeit, wenn uns die Partnerin und die Kleinen brauchen. Natürlich steigen in einem Ängste hoch, was passiert, wenn ich nicht immer am Ball bin? Nimmt mir jemand den Job weg, werde ich nicht mehr gebraucht hinterher? Kicke ich mich selbst aus dem Job? Je nachdem, in was für einer Firma man arbeitet, kann das sogar zutreffen, aber – und so ist es Patrick ergangen – es kann sich auch ganz unerwartet entwickeln. Was ist das Erfolgsrezept? Nach meiner Erfahrung die eigene Entschlossenheit. Patrick hat seinen Chef »informiert«, zu welchen Arbeitsbedingungen er zur Verfügung stehen kann. Manche Vorgesetzten mögen solche klaren Bedingungen vonseiten des Arbeitnehmers nicht. Aber Patrick ist kein gewöhnlicher Arbeitnehmer, er ist ein wesentlicher Entscheidungsträger in der Firma. Er wird durch seine Haltung die Firmenkultur in der Firma menschlicher gestalten.

Wie kommen wir in einer Partnerschaft zu einer guten Entscheidung, wie Arbeit und Kinderbetreuung/Familie passend zu den Bedürfnissen der Beteiligten aufgeteilt werden kann? Ich denke, da kann es keine pauschalen Lösungen geben. Das wird jedes Mal Maßarbeit sein, je nach den Umständen in der Familie. Kann der Hauptverdiener oder die Hauptverdienerin beruflich gut reduzieren? Mittlerweile bieten viele Firmen entsprechende Arbeitszeitmodelle durchaus auch für die Väter, nicht nur für die Mütter an. Man muss sich erkundigen und eventuell für solche Modelle kämpfen.

Wie ging es mit Patrick und seiner Familie weiter? Patrick hatte eine gesundheitliche Routineuntersuchung, in der es einen Befund gab. Glücklicherweise war die Behandlung erfolgreich. Patrick musste aus gesundheitlichen Gründen beruflich pausieren. Dies brachte ihn dazu, zu seinem Chef zu gehen und ihn zu informieren, dass er in Zukunft nur noch vier Tage arbeiten werde und dafür vollen Lohnausgleich wolle. Patrick war auf eine Kündigung gefasst, doch es kam ganz anderes. Der Firmeninhaber teilte ihm mit, dass er sich seit einiger Zeit Gedanken über die Vier-Tage-Woche machen würde und wie er diese realisieren könne. Er habe Verständnis für Patrick und unterstütze seine Absicht.

Väter zu Hause sind besonders wichtig. Man muss ihre Bedeutung für die Erziehung erkennen und Gesetze verabschieden, die es den Vätern ermöglichen, ihre Aufgabe zu erfüllen.

Die Realität sieht oft anders aus, wie wir im nächsten Kapitel lesen können. Ich denke, dass dieses Modell für immer mehr junge Familien möglich sein wird, die im Homeoffice arbeiten.

Das Bundesministerium für FSFJ beauftragte den renommierten Forscher Wassilios E. Fthenakis mit der Studie *Die Rolle des Vaters in der Familie,* die zu folgendem Ergebnis kam: »Zwei Drittel der Männer zwischen 22 und 45 Jahren definieren sich selbst im Sinne einer sozialen Vaterschaft. Das heißt: Nicht mehr das Brotverdienen steht an erster Stelle, sondern das Interesse an und die Beschäftigung mit den Kindern und der Familie. Das war ein völlig neuer Befund, den man bis dahin in dieser Form nicht kannte. Nur 33 Prozent haben das traditionelle Bild von Vaterschaft vertreten – nämlich das als Brotverdiener.«[11]

Im Väterreport 2021 gab knapp die Hälfte der Männer an, dass aus ihrer Sicht im Idealfall beide Partner in ähnlichen Umfängen erwerbstätig sind und sich die Hausarbeit und Kinderbetreuung teilen. Und mehr als die Hälfte der Väter mit Kindern unter zehn Jahren möchte etwa die Hälfte der Kinderbetreuung übernehmen. Nur vier Prozent wünschen sich eine Aufteilung nach dem »traditionellen« Familienmodell.[12]

Sicher ist, und durch die bereits erwähnten Forschungen von Prof. Dr. Ruth Feldmann belegt, dass sich, je mehr sich ein Vater um das Baby kümmert, sich einige seiner Gehirnstrukturen denen der Mutter angleichen. Während die Gehirnaktivierung der Mütter automatisch erfolgt, durch das Mutter werden, erfolgt die Gehirnaktivierung bei Vätern durch aktive Fürsorge mit dem Baby. An der Cambridge University hat Prof. Paul Ramchandani Studien mit Vätern durchgeführt: Zum ersten Mal, als ihre Kinder drei Monate alt, und zum zweiten Mal, als die Kinder zwölf oder 24 Monate alt waren. Eines der wichtigsten Ergebnisse war, dass Kinder, deren Väter engagiert mit ihnen spielten, als sie sehr jung waren, im Alter von ein bis zwei Jahren ausgeprägtere kognitive Fähigkeiten hatten und ihr Verhalten besser entwickelt war. Das bedeutet, dass diese frühen Interaktionen von Vätern sehr wichtig für die Kinder sind. Diese lernen beim zärtlichen Raufen, ihre Gefühle zu regulieren, sie lernen, dass sie ihrem Vater wehtun, wenn sie zu hart zuschlagen, und sie bekommen dieses Feedback in einer sicheren Umgebung.[13]

Darf ich als Vater so was denken?

Ich kann dieses Geschrei nicht mehr ertragen.
Ich packe meine Koffer und ziehe aus.
Halt endlich die Klappe!
Du gehst mir so auf die Nerven!

Kommt Ihnen das bekannt vor? Im Alltag mit Kindern können sich bei Vätern – und auch bei Müttern – ihren Kindern gegenüber Aggressionen, Wut und Ablehnung aufstauen, die nur ungern eingestanden werden. Sie passen nicht in das idealisierte Bild des liebenden Vaters oder der fürsorglichen Mutter, die stets für ihre Kinder da sind und nie zum Erziehungsmonster mutieren. Die meisten Eltern lügen, damit sie vor anderen gut dastehen. Doch Vorsicht – das Unterdrücken dieser Gefühle führt dazu, dass sie sich unkontrolliert entladen. Dann wird es kritisch, denn sie entladen sich immer an den Schwächeren. Um das zu vermeiden, sollten sich Eltern eingestehen, nicht mehr weiterzuwissen. Die alten Erfahrungen helfen nicht mehr, es müssen neue her.

Unerwünschte Gefühle sind die Kehrseite und die Reaktion auf den Perfektions- und Optimierungswahn und die verbreiteten Machbarkeitsfantasien, dass mit Willensstärke alles möglich sei.

Die Realität hingegen sieht anders aus. Das Kind kann seine Bezugspersonen überfordern und an ihre Grenzen bringen, aber das ist kein Grund, es weniger zu lieben, ganz im Gegenteil: Herzlich willkommen im echten Leben.

Der kanadische Arzt und Therapeut Dr. Gabor Maté hat dazu viel Erfahrung in seinem Buch dokumentiert, er schreibt: »Aufgrund ihrer Verwundbarkeit und Abhängigkeit reagiert die Physiologie von Kindern besonders empfindlich auf die emotionale Verfassung ihrer Bezugspersonen. Der Stresshormonspiegel von Kleinkindern wird beispielsweise stark von der emotionalen Atmosphäre im Elternhaus beeinflusst, sei es durch offene Konflikte oder brodelnde Spannungen.«[14]

Ein Vater sollte diese Situation akzeptieren und sein Kind annehmen, wie es ist. Das gelingt, wenn er seine Ängste, Ablehnungen und Irritationen genau anschaut und erkennt, dass diese Gefühle mehr mit ihm zu tun haben als mit dem Kind. Was kann ich also tun, um zu deeskalieren, runterzukommen, mich zu entspannen, zu sehen, dass ich mit meiner Reaktion etwas verschlimmern oder wesentlich verbessern kann. Warum? Weil sich zum Beispiel ein Baby von meinen Gefühlen »ernährt« und mich braucht, um selbst herunterzufahren. Es kann sich noch nicht selbst beruhigen. Deshalb müssen wir mit dem Beruhigen anfangen. Und das geht, indem wir uns selbst beruhigen. Z.B. durch eine kurze Auszeit, auf dem Balkon, in einem anderen Zimmer. Wenn das im Moment nicht geht, brauche ich Hilfe, also jemand anderen, der beim Baby bleibt, damit ich kurz weggehen kann. Die Erfahrung hat gezeigt, dass ein Baby sich schnell beruhigt, wenn eine Nachbarin aushilft, weil die Nachbarin keine emotionale Ladung mitbringt. Manche Eltern denken dann, sie hätten versagt. Aber das stimmt so nicht, sie müssen nur erst lernen, ihren eigenen Stress loszuwerden. Zur Beruhigung sollte man ein Baby nahe an der Brust tragen, es richtig zu sich nehmen, damit es den Vater spürt. Das ist natürlich nicht lustig, die herzenserweichenden Schreie des Kindes so nah zu erleben. Aber es ist eine gute Möglichkeit, das kleine Kind zu beruhigen, wenn ich selbst zuerst Ruhe gefunden habe.

Das Gehirn eines Säuglings entwickelt sich im Umgang mit den frühesten Bezugspersonen. Alle Gefühle der nahen Fürsorgemenschen, die sie weitergeben, werden im Gehirn des Säuglings gespiegelt, erwidert und abgespeichert. Seine Entwicklung verläuft positiv, wenn die Eltern die Stimmungen und Befindlichkeiten des Babys spiegeln, anerkennen und darauf reagieren: »Ah, du musst gerade weinen, vielleicht hast du Bauchweh, ich nehme dich mal hoch.« »Und so arg musst du schauen, was alles da ist. Greifen kannst du schon und meinen Finger festhalten.« Wir geben damit dem, was passiert, Worte. Letztlich heißt die Botschaft an das Kind: Ich sehe dich. Und das Kind erlebt: Mich gibt es!

Wenn allerdings die Fürsorgemenschen und Väter sich selbst noch nicht auf den Weg gemacht haben und Stimmungen der Babys ignorieren oder bewusst die Kleinkinder für diesen Ausdruck der Stimmung (Schreien, Quengeln) bestrafen, können diese Babys im späteren Leben Probleme bekommen, sollten diese Gefühle erneut auftauchen, beispielsweise in der Überzeugung, dass sie ihre Gefühle nicht ausdrücken dürfen, jedes Verhalten ertragen müssen und sich unterzuordnen sowie nicht zu widersprechen oder sich zu wehren haben.

Aber selbst dann ist noch nichts für immer verloren. Es gibt diese Brüche, und es gibt die Möglichkeit der Reparatur. Ich persönlich habe gute Erfahrungen mit EMDR gemacht. Was letztendlich für einen selbst passt, muss jeder Vater für sich herausfinden.

EMDR ist die Abkürzung für *Eye Movement Desensitization and Reprocessing*, was auf Deutsch Desensibilisierung und Verarbeitung durch Augenbewegung bedeutet. Es ist eine Methode, bei der der Therapeut oder die Therapeutin die Augenbewegungen der Patienten mit der Hand führt, während sich diese auf Erinnerungen konzentrieren. Die Praxis hat gezeigt, dass das Verfahren dabei zu helfen scheint, belastende oder traumatische Erlebnis als *vergangen* abzuspeichern, um nicht immer wieder selbst in der Wiederholungsschleife stecken zu bleiben.

Erst das Spiel anschieben, dann die eigene Ruhe genießen

Wahrscheinlich kennen Sie diese Situation: Sie hatten einen anstrengenden Arbeitstag hinter sich. Nun freuen Sie sich auf Ihren wohlverdienten Feierabend. Dann taucht Ihr Kind auf und möchte, dass Sie mit ihm spielen. Ohne dass Sie es wollen, fühlen Sie sich überfordert und haben keine Lust, doch aus schlechtem Gewissen raffen Sie sich auf. Ihr Kind spürt Ihren Widerwillen, was ihm den Spaß verdirbt und Ihnen auch. Würden Sie so mit einem guten Freund in dieser Situation umgehen? Natürlich nicht, Sie würden ihm entspannt Aufmerksamkeit schenken. Tun Sie mit Ihrem Kind etwas Ähnliches, indem Sie sein Spiel »anschieben«. Dann werden Sie sehen, dass das Kind sich ganz schnell in sein Spiel vertieft.

Beim Anschieben begleiten Sie das Spiel Ihres Kindes freundlich kommentierend und nehmen Anteil, ohne aktiv mitzumachen.

Falls das Kind jedoch unbedingt darauf besteht, dass Sie mitmachen, dann geht es darum, den »Papa-Hunger« des Kindes zu stillen. Dieser entsteht, wenn das Kind eine besondere Affinität zum Vater hat und noch nicht zu oft abgelehnt wurde. Dann versucht das Kind, seinen Papa ganz für sich zu haben. In diesem Fall ist es ratsam, das Bedürfnis des Kindes zu erfüllen und das eigene nach Ruhe für einen Moment aufzuschieben. Dazu möchte ich gerne ein Beispiel wiedergeben, das mir in Erinnerung geblieben ist: Im Strandurlaub konnte ich einen italienischen Vater beobachten, der hauptsächlich auf seinem Liegestuhl saß und seinen Kindern zusah. Die Kinder holten Wasser, kippten es in den Sand und begannen mit einer Sandburg. Immer wieder luden sie den Vater ein, mitzuspielen, doch der schaute nur freundlich und kommentierte, was die Kinder taten. Immer mehr vertieften sich die kleinen Wirbelwinde in ihr Spiel und die Ruhe des Vaters übertrug sich Stück für Stück auf sie. Als ich später wieder hinsah, las der Vater in einem Buch, hin und wieder schaute er zu den Kindern, die immer noch vertieft vor sich hin spielten.

Dieser Mann hatte verstanden: Ein Vater muss nicht für Unterhaltung sorgen und sein Kind bespaßen, wenn es mit sich nichts anzufangen weiß. Und ein vertieft spielendes Kind sollten wir wirklich nur dann unterbrechen, wenn es tatsächlich notwendig ist.

Die von vielen Eltern gefürchtete Langeweile des Kindes gehört zum Erwachsenwerden dazu. Kreativ tätige Menschen wissen, dass Langeweile notwendig ist, um etwas Neues entstehen zu lassen. Am einfachsten kann man das Kind dadurch motivieren, indem man ihm zuhört und anerkennt, dass es sich momentan in einer ausweglos erscheinenden Situation befindet. Man kann ihm dann freundlich und zuversichtlich

Mut machen, dass es sicherlich etwas finden wird, das ihm Spaß macht.

Wenn ich nicht beruflich unterwegs war, erlebten mein Sohn und ich fast jedes Wochenende einen ähnlichen Ablauf: Gegen zehn Uhr morgens kam er zu mir, während seine Schwester auf der Schaukel lag und las, und sagte: »Papa, mir ist so langweilig, was soll ich nur tun?« Die ersten zehn Male machte ich Vorschläge, die bei ihm keine Begeisterungsstürme hervorriefen. Danach sagte ich zu ihm: »Jetzt weißt du ja, dass das mit der Langeweile immer wieder passiert, und jedes Mal ist dir was Tolles eingefallen. Das ist bestimmt dieses Mal auch wieder so.« Er ging missmutig weg oder blieb, und wir gaben uns der Langeweile hin, redeten über dies und das. Jedes Mal kam uns nach einer Zeit der Unschlüssigkeit und des Aushaltens eine zündende Idee: Einmal bauten wir ein Baumhaus, dann ein »fliegendes Brett« (ein Brett, das ungefähr drei Meter lang und einen halben Meter breit ist und an den vier Enden an stabilen Seilen hing und ca. fünf Zentimeter über dem Boden schwebte und im Kinderzimmer oder Dachgeschoss aufgehängt wurde. Das war über zehn Jahre ein Highlight), oder wir tüftelten an einem Modellflugzeug.

Die Dekonstruktion des Patriarchats

Viele Männer möchten über dieses Thema nichts mehr lesen, aber es ist Zeit, endlich aufzuräumen. Die Geschichte der Kriege und Unterdrückung war bisher die Geschichte der Männer. Die Väterherrschaft, das Patriarchat, erscheint mir – aus heutiger Sicht – als die selbstverletzendste Erfindung der Menschheit.

Das Patriarchat ist durch männliches Dominanzverhalten charakterisiert und auf Kontrolle ausgerichtet. Der Mann zeigt, wer Herr im Haus ist, weil er immer am längeren Hebel sitzt. Diese großspurige, schenkelklopfende Kultur der Burschen, die so tun, als seien sie statt mit einem Rückgrat mit einem gestreckten Mittelfinger auf die Welt gekommen. Doch sie wurden nicht so geboren, sie haben ihr Verhalten von schlechten Vorbildern gelernt.

Für manche Männer ist es beängstigend, wenn eine Frau Macht hat. In der Theorie kommen sie damit klar, in der Realität nicht. Patriarchat bedeutete, ein Geschlecht dem anderen gegenüber zu bevorzugen, nur um Macht auszuüben, Vorteile zu vererben, um zu herrschen. Das Patriarchat bevorzugt Männer und schützt ihre Rechte, muss dafür aber auch ständig ein Anderes konstruieren, gegen das es sich abzugrenzen gilt. Die schlechten Folgen sind erkennbar in allen Aspekten des Zusammenlebens: in Familienstrukturen, in der Wirtschaft und Politik, im Bildungssystem sowie in Religionen. Dabei gehen die schlechten Folgen langfristig immer auf Kosten der Gemeinschaft, während die schnellen Gewinne von den »Machern« eingestrichen werden, die sich damit noch brüsten. Die Kosten, die durch Bereicherung entstanden sind, werden aus Steuern beglichen. Den Preis zahlen also die 99 Prozent der Restbevölkerung – oft über Jahrzehnte.

Die patriarchale Struktur verleiht Männern mehr Macht, Privilegien und Erbschaftvorteile (wenn Frauen von der Erbfolge ausgeschlossen sind), ohne dass sie besser qualifiziert sind als Frauen. Nur weil sie ein Y-Chromosom besitzen? Nein, weil die Väter ihre Söhne zwingen konnten, so zu werden wie sie. Damit wird das Perpetuum mobile am Laufen gehalten – auf Kosten von Frauen und Kindern. Aber am Ende auf Kosten aller.

Männer haben mit ihren Privilegien, resultierend aus patriarchalen Strukturen, nicht viel Gutes für die Menschheit geschaffen, wie auch? Patriarchale Strukturen sichern den Vorteil weniger Privilegierter gegenüber der Mehrheit. Und das nicht durch Leistungen, sondern qua Geschlechtszugehörigkeit. Männer sitzen – immer noch – an den Hebeln der Macht in der Politik, im Regierungsgeschäft, in der Wirtschaft, in den Religionsgemeinschaften, im Bildungssektor.

Frauen sind nicht per se Unschuldsengel. Auch sie können missbrauchen, drangsalieren, manipulieren. Je nachdem, was sie als Kinder erlebt haben und wie sie das verarbeiten konnten. Die folgenden Zahlen sprechen jedoch eine deutliche Sprache: 93,9 Prozent der Häftlinge in Deutschland sind Männer, nach zwölf Jahren werden 53,7 Prozent der Männer rückfällig.[15]

Und wenn wir heute auch schon viel erreicht haben, arbeitet das alte Patriarchat immer noch daran, vieles wieder zurückzudrehen, was die Frauenbewegung an Fortschritten, beispielsweise der rechtlichen Gleichstellung, erreicht hat.

Wie können wir also das alte Patriarchat dekonstruieren, um die Gleichwürdigkeit für Männer, Frauen und Kinder zu erreichen? Es sollte dort beginnen, wo es wehtut und etwas bringt: Die heute anstehende gleichmäßige Aufteilung von bezahlter und unbezahlter Arbeit zwischen Männern und Frauen sowie gleicher Lohn für gleiche Arbeit sind das Ziel für Beziehungen auf Augenhöhe. Das ist noch ein langer Weg, weil uns die eigenen Erlebnisse in unseren Familien »im Nacken« sitzen. Wenn der Großvater und der eigene Vater immer schon die Alleinverdiener waren und die Großmutter und die Mutter als Hausfrauen arbeiteten, ist es eine große Leistung, ein neues Lebensmodell zu etablieren, das auf geteilter Erwerbsarbeit und geteilter Care-Arbeit beruht. Für viele wäre das ein wirtschaftlicher Abstieg, wenn ein Elternteil wesentlich mehr verdient als der andere. Auch hier helfen neue Modelle, die die Care-Arbeit anerkennen, beispielsweise indem das gemeinsam erwirtschaftetet Einkommen durch zwei geteilt wird, auf das jeweilige Konto von Vater und Mutter fließt, die dann jeweils die laufenden Kosten damit begleichen. Der Vater zahlt die Miete, die Mutter die Versicherungen usw. Mütter und Hausfrauen könnten, wie auch die Väter, eigene Lebensversicherungen abschließen und ihre Altersversorgung finanzieren. Was haben diese Überlegungen in einem Väterbuch zu suchen? Für manche Männer ist das schwere Kost. Ich kann aus persönlicher Erfahrung und aus meiner jahrzehntelangen Beratungspraxis aber sagen, dass diese Wertschätzung und Aufwertung der Care-Arbeit positive Wirkungen erzeugt, bei den Kindern, vor allem aber bei der Partnerin. Sie erfährt damit endlich die Wertschätzung, die ihre aufopferungsvolle Care-Arbeit verdient hat. Denn ohne ihre Mühe, die dem Vater den Rücken freihält, könnte er seine Arbeit nicht erledigen.

In der Beratung von Führungskräften fällt oft ein Satz, der gut beschreibt, was in manchen Familien passiert: »Eine nicht kommunizierte Leistung ist wie eine nicht erbrachte Leistung.« Und genau diesem Phänomen begegnen wir, wenn der Alleinverdiener nach seinem Arbeitstag nach Hause kommt und alles in bester Ordnung vorfindet, ohne zu wissen, welchen Knochenjob seine Frau tagsüber mit den Kindern und dem Haushalt erledigt hat. Glücklicherweise ist die Alleinverdienerehe auf dem Rückzug. Der Mann muss nicht mehr allein die Verantwortung für die Ernährung der Familie tragen, die Frau ist nicht mehr abhängig von ihrem Ehegatten.

Eine weitere gute Nachricht lautet: Väter sind heute anders, als ihre Väter es waren. 69 Prozent mit Kindern unter sechs Jahren sagen, dass sie sich mehr als ihre eigenen Väter an der Erziehung und Betreuung der Kinder beteiligen. Unterschiede zeigen sich sogar schon zu den Vätern der Neunzigerjahre: 1993 beschäftigten sie sich unter der Woche im Schnitt weniger als zwei Stunden am Tag mit ihren Kindern. 2019 waren es schon drei Stunden.[16] Das heißt umgekehrt aber auch, dass Väter heute viel mehr in ihren Familien stattfinden und von diesen wahrgenommen werden als echte Menschen statt mythischen Wesen aus der Ferne.

Es steht und fällt alles mit der bezahlten Elternzeit, wie es sie in Schweden gibt, wo Väter sechs bis neun Monate beanspruchen können. Dort erhalten beide Eltern für jedes Kind zusammen 480 Tage Elterngeld (Stand: Juni 2022). Von den 480 Tagen sind jeweils 90 Tage jedem Elternteil einzeln vorbehalten, die restlichen 300 Tage sind frei untereinander aufteilbar.[17] Das ist der Einstieg für Väter, um Papa zu werden und sich mit dem Alltag mit Kindern vertraut zu machen. Und damit den Wert dieser Arbeit gegenüber der bezahlten Leistung zu erkennen. Ja, richtig, hier geht es nicht nur um die Veränderung von Beziehungen in der Familie, hier erfordert es einen neuen Blick auf die Gesellschaft der Zukunft.

Männliche Archetypen

Alle Männer tragen das Bild des Ur-Mannes in sich. Dieser Ur-Mann ist ein starker und beschützender Krieger, der niemals andere belästigen oder gar verletzen würde, wenn er nicht selbst angegriffen wurde und sich verteidigen muss. Er achtet das Revier der anderen Männer und ihre Frauen und Kinder. Der Ur-Mann wird nicht mit der Frau seines Freundes oder

Feindes schlafen, nur um sich zu befriedigen, denn er hat seinen Frieden in sich gefunden.

Der Ur-Mann, der in allen Männern wohnt, hat die körperliche Leidenschaft kennengelernt, die ihn zu der Frau führt, die ihn begehrt. Mit ihr teilt er seine Wildheit, die nicht brutal ist, sondern stark und lustvoll. Der Ur-Mann schenkt seine Lust der Frau, die ihn liebt, denn dort wird sie erwidert. Langsam und ausdauernd liebt er diese Frau für alles, was sie ist, und dafür, wie sie ist. Ohne ein idealisiertes Bild von seiner Partnerin, wie sie sein sollte, oder von anderen Frauen, während sie sich lieben.

Der Ur-Mann bringt den jungen Männern bei, wie sie ihre Stärke und Ruhe finden, die sie bei ihm bewundern. Junge Männer spüren, dass sie sich ihm anvertrauen können, um von ihm zu lernen. Er ruft sie über die Vorbilder, Idole, die sie sich suchen. Leider werden heute viele junge Männer immer wieder enttäuscht. Bis sie die Suche aufgeben und in fürchterlichen Beziehungen gefangen sind und aufhören, nach dem Ur-Mann in sich selbst zu suchen. Der Ur-Mann zeigt jungen Männern, dass die Liebe eine Kunst ist, die es zu erlernen gilt: zuerst die Liebe zu sich selbst, danach die Liebe zu einer Frau oder einem anderen Mann, zu Kindern und die zum Beruf.

Ältere Männer stärken junge Männer im Gespräch, indem sie darüber reden und durch ihr Handeln zeigen, was es bedeutet, Frauen zu ehren. Sie weisen auf Werte hin, die Bestand haben: Den Wert, in der Natur zu sein. Sich selbst kennenzulernen und zu erfahren, was man liebt, was stärkt und wovor man sich fürchtet. Was es bedeutet, leidenschaftlich zu lieben und zu arbeiten sowie Kinder zu begleiten, bis sie selbst stark sind.

Diese Männer üben keine Gewalt gegen Schwächere, andersdenkende Menschen, People of Color, gegen Frauen und Kinder aus. Sie verurteilen sexuellen Missbrauch.

Momentan sind viele Männer am Tiefpunkt eines Weges angelangt. Im Laufe vieler Generationen haben sie vergessen, was ihnen guttut und was ihre Frauen und ihre Kinder brauchen. Nur sie selbst können sich aus diesem Dilemma befreien, indem sie sich gegenseitig erinnern, was ihnen guttut. Das können sie erreichen, indem sie gute Vaterschaft zu einer Ehre machen. Väter können aus der Vergangenheit lernen. Sie können sich und ihren Kindern klarmachen, dass ein toxisches Männerbild, das die Verherrlichung von Gewalt und Krieg beinhaltet, schlimme Folgen hat für jeden Einzelnen und für die Gesellschaft. Dass es für einen selbst nicht gut tut, wenn man andere herabwürdigt. Dass das aber nicht bedeutet, dass man sich ausnützen lassen oder alles gefallen lassen muss. Zum Frieden braucht es zwei, zum Krieg reicht einer. Man darf und kann für seine Bedürfnisse einstehen, ohne anderen etwas wegzunehmen.

Von Brüdern und Schwestern

Geschwisterbeziehungen haben einen Einfluss darauf, wie sich ein Erwachsener als Vater erlebt und verhält. Es geht also nicht nur darum, wie sich die Kinder als Erstgeborener, mittleres Kind oder Drittgeborenes erleben, sondern in welcher Position wir selbst unsere Nächsten erlebt haben und welche Erinnerungen an Gewinn und Verlust bei uns geblieben sind. Und jetzt eventuell wieder daran erinnert werden, mit unseren eigenen Kindern.

Oft erleben sich Geschwister bei der Suche nach Anerkennung durch ihre Eltern als erbitterte Rivalen. Brüder geraten fast immer in permanente Konflikte miteinander. Zum einen, weil Geschwister – besonders Jungen – jeden Tag miteinander austragen müssen, wer die Nummer eins ist. Zum anderen, weil sie Unterschiedliches erlebt haben. Der oder die Erstgeborene war beispielsweise zwei Jahre Einzelkind und bekam die volle elterliche Aufmerksamkeit. Mit der Geburt des zweiten Kindes entfällt sein Privileg. Jetzt steht das zweite Kind im Mittelpunkt, und das ältere soll nun nach dem Motto funktionieren »Du bist doch schon groß«. Es ist einerseits ein Gewinn an Macht und Bedeutung für das erstgeborene Kind, zugleich aber auch ein Verlust. Erstgeborene bekommen oftmals Verantwortung aufgeladen, die sie überfordert und damit ihre Kindheit beeinträchtigt. Sie müssen für vieles kämpfen, vom dem die Nachgeborenen profitieren, weil die Eltern den Kampf aufgegeben haben. Den Älteren nervt natürlich, dass die Kleinen einfach so von seinen Errungenschaften profitieren. Die Kleineren hingegen sehen keinen Grund für Dankbarkeit, warum auch.

Kommt ein drittes Kind zur Welt, wird aus dem Zweitgeborenen eine große Schwester oder ein großer Bruder. Damit lernt der oder die Zweitgeborene die Sicht des »Kleinen« und die des »Großen« kennen. Das Ringen um Aufmerksamkeit bekommt eine neue Dimension. Mittleren Kindern, aber auch Einzelkindern, wird öfters Negatives zugeschrieben, das hat sich stark verändert, seit Eltern ihre Kinder gleichberechtigt behandeln. Ich habe erlebt, dass Eltern sich gern an Merkmalen wie dem Sandwichkind (mittleres Kind) orientieren, um ihren negativen Zuschreibungen, was Aufmüpfigkeit oder fehlendes Selbstbewusstsein betrifft, Nachdruck zu verleihen. Dabei brauchen Kinder selten Diagnosen, sondern stattdessen Zuwendung und Zeit.

Geschwisterbeziehungen sind zwiespältig, sie tragen große Frustration wie »Du warst immer das Lieblingskind, ich nie«, aber auch eine tiefe Verbundenheit in sich, die häufig erst im

Erwachsenenalter spürbar wird. Dann kann es sogar so sein, dass Partner/Partnerin gut genug für den geliebten Bruder oder die besondere Schwester ist.

Haben Töchter und Söhne unterschiedliche Ansprüche an den Vater? Ein Erklärungsversuch basierend auf Erfahrungswerten: Töchtern dient das männliche Rollenmodell des Vaters als Orientierung bei der Suche ihrer ersten Partner. Ist das Verhältnis zum eigenen Vater problematisch, sind Mädchen manchmal unsicher, wie sie sich einen guten Partner vorstellen können.

Das väterliche Rollenmodell ist für die Entwicklung der Söhne besonders wichtig. Wenn der Vater im frühen Alter nicht zur Verfügung steht, versuchen die Söhne, dieses Vakuum mit übertriebenem Männlichkeitsgehabe oder manchmal in problematischen Peergroups auszugleichen.

Es wird mir manchmal die Frage gestellt: »Gibt es etwas, das Väter besonders gut machen können, wenn sie mehrere Kinder haben?« Also was kann dann ihr besonderer Beitrag sein? Nun, meine Antwort lautet: Generell ist meine Erfahrung (die nun auch von manchen Wissenschaftlern bestätigt wird), dass Väter Kinder auf die Welt da draußen vorbereiten, während Mütter diese Vorbereitung im Kind eher nach innen, in seinem Kontakt zu sich, schaffen. Väter raufen mit kleinen Kindern, machen Kissenschlachten, lassen fünfe grade sein. Wenn sie mit den Kindern allein sind, ernähren sie sich manchmal von erstaunlichen Dingen, sehen vieles locker. Damit vermitteln sie den Kindern: Die Welt da draußen ist nicht böse, und ich bin kein armes Würstchen, das ins kalte Wasser geworfen wird, wenn ich ausziehe, sondern ich bin gerüstet, kann mich wehren, finde meinen Plan fürs Leben, ich bin zuversichtlich. Wenn ich dies so schreibe, möchte ich außerdem hinzufügen: Bitte nicht missverstehen im Sinne von: »Ach, und das alles können z.B. alleinerziehende Mütter nicht?« Das möchte ich hiermit gar nicht behaupten, sondern ich beziehe mich auf die Frage nach dem besonderen Beitrag, den Väter in der Familie leisten können. Frauen und Männer werden immer echter, authentischer, je mehr sie sich selbst ähnlich werden. Und nicht, wenn sie als Mutter versuchen, auch noch den Vater zu simulieren. Oder als Vater die bessere Mutter sein wollen. Deshalb braucht es beide. Hier geht es auch nicht darum, tradierte Klischees wieder aufzubacken, Männer müssen so sein und Frauen so ... Die Definitionsmacht kommt nicht von außen, sondern die Echtheit in der Vaterrolle entwickelt sich im Laufe des Vaterseins für jeden unterschiedlich, zum Wohl der Beteiligten.

Der Papa schafft das schon ...

Wann fühlt sich der Papa gut mit dem kleinen Kind, und wann fühlt sich das Kind gut mit dem Papa, wenn er nicht die permanente Bezugsperson ist? Wenn sich also die Mutter die meiste Zeit um das Kind kümmert, wie es das traditionelle Rollenmodell vorsieht? Die Frage ist einfach zu beantworten. Wenn das Kind und der Papa alleine am Wochenende oder für eine Woche zusammen sind und er alle Versorgungen für das Kind machen kann, Windeln wechseln, dem Kind die Flasche geben (beispielsweise mit der abgepumpten Muttermilch), spielen, kochen und es zum Schlafen bringen. Dann kommen sich die beiden näher und können so langsam, langsam eine vertrauensvolle Beziehung schaffen. Dann sind zumindest Papa und Kind zufrieden. Und sogar die meisten Mütter können sich ein bisschen entspannen, wenn es den beiden sichtbar gut geht. Allerdings kreisen die Gedanken der Mütter immer wieder um das Wohlergehen des Kindes, das gehört zum Muttersein dazu. Das eine oder andere Selfie mit glücklichem Baby und Papa kann da Wunder wirken. Manche Mütter, die ich kennengelernt habe, konnten diese stark ausgeprägten Sorgen erst nach Jahren gelungener Betreuung durch den Papa loslassen – aber damit muss man als Vater leben und darf es nicht zu eng sehen.

Wie schaffen wir es, dorthin zu kommen? Ganz einfach – indem der Papa schon in den ersten Jahren diese Arbeiten immer wieder übernimmt. Auch gegen den Unmut des Kindes, das lieber von der Mutter umsorgt werden möchte, wenn diese das normalerweise rund um die Uhr tut.

Jetzt kommt die Papa-Zeit ins Spiel. Väter müssen sich in dieser Zeit einbringen, auch gegen die Befürchtungen der Mutter. Viele Mütter, die vor allem beim ersten Kind selbst unsicher sind, befürchten, dass der Papa, der mit Sicherheit einiges anders machen wird als die Mutter, dies nicht gut genug bewerkstelligt. Oder der Papa denkt, ich kann es nicht so gut wie die Mutter und fühlt sich deshalb unsicher.

Nehmen Sie als Papa Ihre Unsicherheit in beide Hände und entscheiden Sie für sich und das Kind, dass Sie das gemeinsam schaffen. Ihre Zugewandtheit und Empathie sind Ihre besten Verbündeten. Wenn Sie Fragen haben, holen Sie sich Rat bei Ihrer eigenen Mutter, Freunden oder guten Ratgebern (im Literaturverzeichnis am Ende des Buches habe ich einige empfehlenswerte Titel aufgelistet, weitere gute Infos, Videos, Beratung finden Sie auf der familylab.de-Seite). Ihr gesunder Menschenverstand wird Sie nicht im Stich lassen. Wichtig ist, sich zu trauen. Mit freundlicher Zugewandtheit zu Ihrem Kind richten Sie mit Sicherheit keinen Schaden an.

Und ja, wir Papas werden es ganz anders machen als die Mütter der Kinder. Das ist nicht schlimm, sondern eine Tatsache. Lassen Sie sich als Papa das nicht von Ihrer Frau vorhalten. Nehmen Sie es zur Kenntnis, aber schließen Sie nicht daraus, dass Sie deshalb ein schlechterer Elternteil wären. Im Moment mangelt es Ihnen vielleicht noch an Erfahrung, weil Sie weniger anwesend waren. Doch das holen Sie jetzt nach.

Was können Sie tun, wenn Ihre Frau Sie nicht mit dem Kind alleine lassen will? Bei dieser oft gestellten Frage erkundige ich mich bei der Mutter des Kindes, ob es einen Grund für ihre Bedenken gibt. Meistens kommen dann die Befürchtungen, dass der Vater das Kind noch nie ins Bett gebracht hat und es schreien wird. Oder dass er natürlich nicht stillen kann und das Baby noch keine Beikost bekommt. Die allermeisten dieser Bedenken lassen sich durch die Übernahme dieser Tätigkeiten durch den Papa beheben. Außerdem kann man die Milch abpumpen, im Kühlschrank lagern und danach erwärmen. Früher mussten sich Papas in diese Mutterdomäne hineindrängen. Heute geht es viel selbstverständlicher gemeinsam.

Für eine starke Partnerschaft ist es substanziell wichtig, dass der Papa genauso kompetent mit dem Kind umgehen kann wie die Mutter.

Wie schön ist es für ein Baby zu spüren, dass niemand aufgeregt sein muss, wenn der Papa mit ihm allein ist, weil er das genauso gut hinkriegt wie die Mama. Und endlich ist eine Möglichkeit geschaffen, dass die Mutter ein paar Stunden ausspannen kann, während der Vater sein Zusammensein mit dem Kind langsam genießt.

Mann und Männlichkeit

Ich bin mit einem Ideal von Männlichkeit aufgewachsen, das darin bestand, stark zu sein, Schwierigkeiten zu bewältigen, Angefangenes zu Ende zu bringen, keine Schwäche zu zeigen und nicht verletzlich zu sein. Daraus ist die sichere Überzeugung erwachsen, dass ich Dinge schaffen kann. Verloren habe ich dabei mein Gefühl für mich und das Vertrauen in Erwachsene. Verlorenes Vertrauen deshalb, weil ich bemerkte, dass ich den gut gemeinten Ratschlägen nicht blind vertrauen konnte, sondern dass mich fremde Interessen beeinflussten. Ich dachte auch, dass man das als Mann mit sich selbst ausmachen müsste. Auf diese Weise lernte ich als kleiner Junge, dass Männer einen Teil ihres Selbst verleugnen müssen. Sie unterdrücken ihre Selbstzweifel, ihre inneren Schmerzen und ihre Trauer. Sie dürfen keine Rührung zeigen, sie weinen nicht und lernen nicht, ihre Reue auszudrücken. Die gängige Formulierung der Erwachsenen dafür lautete: »Sei ein Mann.«

In der Brust vieler Väter schlagen heute zwei Herzen. Zum einen besteht der Wunsch, dem eigenen Vater nachzueifern, um wie er zu sein, und andererseits wird gegen ihn rebelliert, weil er viele Entwicklungen unterdrückt hat.

Wir können die innere Sprachlosigkeit jedoch überwinden und in diese seelischen Bereiche vordringen, die uns vormals unbekannt, unzugänglich und verschlossen waren. Dies ist ein schmerzhafter Prozess.

Ehrlich gesagt bereitet es keine Freude, dort auszuharren. Das sollte unter anderem die Motivation stärken, sein Inneres besser kennenzulernen, seine Verletzlichkeiten zu zeigen, zu ihnen zu stehen, ohne sich in Selbstmitleid zu verlieren. Das kann nicht immer allein gelingen, sondern dazu braucht es manchmal Gesprächspartner und -partnerinnen oder auch professionelle Hilfe.

Ich will dazu ein praktisches Beispiel geben. Nach meinem Schulabschluss wollte ich unbedingt Grafiker werden. Meine Eltern hielten den Beruf für brotlose Kunst. In Ravensburg, meinem Wohnort, war die weltweit bekannte Firma Ravensburger Spiele ansässig, die jedes zweite Jahr einen dreitägigen Bewerbungstest durchführte. Ich absolvierte den komplexen Test, aber da es keine weitere Rückmeldung gab, ging ich davon aus, dass ich den Test nicht bestanden hatte und nahm deshalb eine Lehrstelle als Einzelhandelskaufmann an. Darüber waren meine Eltern sehr froh, weil sie heimlich mit mir als Geschäftsnachfolger rechneten.

Nach einem halben Jahr fragte mich mein Vater, wie mir die Lehre gefiel. Ich nickte und sagte: »Ganz gut.« Darauf erwiderte er: »Da bin ich aber erleichtert, denn direkt nachdem du den Ausbildungsvertrag unterschrieben hattest, kam das Schreiben von Ravensburger Spiele, dass du die Aufnahmeprüfung bestanden hast und sie sich freuen würden, wenn du deine Lehre bei ihnen antrittst. Aber jetzt passt ja alles.«

Ich war platt! Statt auf die Barrikaden zu gehen, versuchte ich innerlich, den Vertrauensbruch meiner Eltern vor mir selbst kleinzureden: Doch durch diese Erfahrung bröckelte mein Vertrauen in sie schwer. Ich möchte jedoch allen Vätern, die das hier lesen, sagen, dass selbst dieser Vertrauensbruch nicht verhindern konnte, dass ich mein Talent einbringen konnte. Als ich mit meiner damaligen Frau unsere Firma gegründet habe, war ein entscheidender Teil meiner Arbeit kreativ. Also bitte lassen Sie nicht den Kopf hängen, sondern fühlen Sie sich in der Überzeugung gestärkt, dass niemand Ihnen etwas wegnehmen kann, was in Ihnen steckt.

Auch die Sexualität ist immer noch ein vermintes Gelände. Die Idee des sogenannten dominanten Mannes wird häufig als Hindernis für echte Nähe erlebt. Viele Männer erlauben sich nur über die Sexualität, eine gewisse Intimität auszuleben. Warum aber gilt ein Mann als schwach, wenn er gerade nicht auf Sex steht? Warum darf er nicht andere Arten der Verbindung eingehen? Manche Männer haben seltsame Erwartungen an sich, beispielsweise die Kontrolle behalten zu wollen. Oder sie orientieren sich an den sozialen Medien, in denen fragwürdige Männlichkeitsideale propagiert werden. Dort werden oft Körperbilder gefördert, die bestenfalls Berufsathleten hinbekommen. Dieser Körperkult ist Gift für das Selbstbewusstsein. Bei vielen Männern, die sich minderwertig fühlen, verstärken sie das Leiden. Gegen diese von außen übernommenen Glaubenssätze kommt man jedoch nur an, wenn man sie sich auch bewusst macht.

Papa sein, ohne der eigene Vater zu werden

Es ist möglich, ein guter Papa zu werden. Dazu müssen Männer einen Weg finden, diese Rolle glaubwürdig auszufüllen, obwohl es nur wenige Vorbilder dafür gibt. Väter sind immer Vorbilder für ihre Kinder, bis diese in die Pubertät kommen. Dann erkennen Jungen und Mädchen langsam, dass ihr Vater nicht der Schnellste, Beste und Klügste ist, sondern ein ganz normaler Mensch mit Stärken und Schwächen. Das tut allen Beteiligten gut!

Heute Mann und Vater zu werden ist einfacher und zugleich schwerer als früher. Zum einen einfacher, weil die Freiräume und die Gestaltungsmöglichkeiten größer geworden sind. Zum anderen schwerer, weil viele Männer sehr häufig immer noch das Bedürfnis haben, anders zu sein als ihre Väter, ohne positive Rollenbilder vorzufinden. Und doch gibt es auch immer noch die Tendenz, das Verhalten der früheren Generation zu wiederholen, selbst wenn die betroffenen Männer ihre Kindheit als schmerzhaft erlebten und sie das Verhalten ihrer Eltern deshalb scharf kritisieren. Es scheint diesen Wiederholungszwang zu geben, dem Väter und solche, die es werden wollen, nur schwer ausweichen können. Der Grund dafür liegt in der Tatsache, dass uns die Art und Weise, wie und wofür uns unsere Eltern geliebt haben, zu einem Teil unseres Selbst geworden ist. Oft fällt uns das gar nicht auf. Wir meinen, unsere eigenen Kinder dann »richtig« zu lieben, wenn wir das wiederholen, was wir selbst als Kinder erlebt haben. Die Art des Vaters beispielsweise, seinen Sohn zu lieben, indem er ihn verbal bestraft oder ihn immer, wenn er in Not gerät, schlägt, wird sich später im Verhalten des Sohnes niederschlagen. Das einzige Mittel, das diese frühe Prägung heilen kann, ist eine nahe, verantwortungs- und pflichtbewusste Beziehung zum eigenen Kind zu entwickeln und die eigenen Brüche und Verwundungen anzuschauen. Wo lerne ich das als Vater? Indem ich mich auf mein Kind beziehe, ihm zuhöre und ernst nehme, was es zu mir sagt oder wie es sich mir gegenüber verhält. Indem ich registriere, was das Verhalten des Kindes mit mir macht, und mir Hilfe hole, sollte mich die Situation überfordern.

Väter wollen ihre Kinder auf das Leben vorbereiten, wie beispielsweise auf den gesellschaftlichen Wettbewerb, mit dem Kinder schon in der Schule konfrontiert werden. Dazu wählen sie unterschiedliche Wege, die sich immer am Ziel orientieren, das Überleben der eigenen Kinder zu sichern. Dazu möchte ich ein Beispiel aus einem Väter-Seminar anführen: Der fünfundvierzigjährige Benedikt war beruflich erfolgreich und leitete ein Unternehmen. In der Vorstellungsrunde berichtete er davon, dass er aus einer streng katholischen Familie stamme, in der die Erwachsenen die Einstellung vertraten, »dass eine Ohrfeige noch nie jemandem geschadet hat«. Als er diesen Satz sprach, schaute er sich um, erntete aber kein zustimmendes Nicken, sondern fragende Blicke. Wenn er sich mit seinen Freunden träfe, wäre die Reaktion eine ganz andere: Die meisten seien seiner Meinung. Sie würden diese Erziehungsmethode aus ihrer eigenen Kindheit kennen, und glaubten, dass sie damit von ihren Eltern gut auf die Härten des Lebens vorbereitet wurden.

Benedikt erzählte weiter, dass seine Frau der Meinung sei, er müsse dringend sein Erziehungsverhalten ändern. Wenn er so weitermache, müsse sie etwas ändern. Seine Frau habe mit Trennung gedroht, wenn er weiterhin so sinnloses Zeug zu seinen Kindern sagen würde. Ich fragte ihn, was mit »sinnlosem Zeug« gemeint sei. Er antwortete, dass er wolle, dass sich die Kinder an Regeln hielten und anstrengten. Wenn sie das jetzt nicht lernten, wie solle das in der Pubertät werden und dann im späteren Leben?

Benedikt hat das Gefühl, dass seine Frau ihm die Pistole auf die Brust gesetzt habe. Alles habe sich mit den Kindern verändert, obwohl sie vorher so glücklich gewesen wären. Jetzt erlebe er nur noch Stress, Ratlosigkeit und Hilflosigkeit in ihrer Beziehung. Diese Gefühle wollte Benedikt nicht empfinden, sie waren ihm in seinem Beruf nicht bekannt.

Als ich mit einem anderen Seminarteilnehmer arbeitete und ihn darauf aufmerksam machte, dass wir mit unseren Kindern unsere eigene Kindheit nochmals erleben, oft genug mit Schmerzen, die wir damals gespürt hätten, aber oft auch mit der Erinnerung an Schönes, fiel es Benedikt wie Schuppen von den Augen. Genauso ergehe es ihm. Er versuche, zum

Teil sinnlose Regeln, die er als Kind befolgen musste, seinen Kindern beizubringen. Seine Frau hingegen sehe vieles lockerer als er. Sie habe ein unglaubliches Vertrauen in ihre Kinder, und er wünschte sich, auch nur einen Bruchteil davon selbst zu besitzen. Er verspürte Angst, dass seine Kinder später im Leben untergehen, wenn sie nicht gehorchten. Abschließend sagte Benedikt: »Wenn ich so mit meinen Mitarbeitern reden würde, wäre ich bald allein. Ich habe begriffen, dass man Kindern nicht beibringen kann, sich besser zu verhalten, indem man dafür sorgt, dass sie sich schlechter fühlen. Wenn sich Kinder besser fühlen, dann verhalten sie sich besser.«

Ein Anfang war gemacht.

Vaterfreuden und Vaterleiden

Menschen wollen sich verbunden fühlen und gleichzeitig entwickeln. Manchmal steht das eine dem anderen im Weg. Sie möchten von anderen wertgeschätzt werden und einen Sinn in dem erkennen, was sie tun.

In einem Seminar berichtete Niklas, er träume nachts oft davon, dass alle Menschen eine Nummer bekämen, aber am Ende wäre keine mehr für ihn übrig. Ich sagte ihm, dass ich kein Spezialist für Traumdeutung sei, mich aber seine Interpretation des Traums interessiere. Wie fühle er sich im Traum, wenn keine Nummer mehr für ihn übrig sei? Er antwortete, dass es ihm nicht gut damit gehe, denn er möchte wie alle anderen dazugehören. Auf meine Frage, wie es wäre, wenn am Schluss noch genügend Nummern übrig wären, auch eine für ihn, schwieg er. Nach einer langen Pause antwortete er, dass der Traum noch nie so verlaufen sei und er sich auch im Tagesbewusstsein das nie so vorgestellt habe. Ich bat ihn, sich vorzustellen, dass die Nummern in einer unerschöpflichen Menge vorhanden seien. Für alle Menschen, die jemals geboren würden, existierten schon Nummern. Alle dürften dazugehören, kein Mensch sei falsch, alle hätten einen Platz auf der Welt, der nur ihnen gehöre. Auch er. Niklas saß schweigend da, und wir ließen ihm Zeit in der Gruppe. Nach einer Weile sagte er, dass ihm dieses Bild guttäte, weil es einfach und klar sei. Ich gab ihm den Rat, therapeutische Hilfe hinzuzuziehen, die sich mit Traumdeutung auskenne, falls dieser Traum wiederauftauchen sollte. Aber dieses Bild illustriert fantastisch unser Bedürfnis und unsere Angst.

Denn auch wir Männer wollen dazugehören, unter den aktuellen Umständen haben wir dazu aber nicht immer Gelegenheit. In der Schule geht es los: An deutschen Gymnasien haben wir seit Jahren sechzig Prozent Mädchen und vierzig Prozent Jungen, der Grund dafür sind Lehrpläne, die eher Schülerinnen leichtfallen und Jungen zum Teil benachteiligen.[18] Die Jungen fühlen sich also schon da ausgeschlossen. Als Väter können wir nicht für alles einen Ausgleich schaffen. Aber wir können uns auch in der Gesellschaft dafür engagieren, dass Dinge besser werden, dass wir nicht mehr Menschen passend fürs System machen, sondern den Mut haben, unsere Schul- und Arbeitssysteme an die Bedürfnisse der heutigen Menschen anzupassen. So können Väter ihre Aufgabe auch wahrnehmen, indem sie sich zum Beispiel für andere Schulzeiten engagieren. In einer Zeit der Pubertät, des größtmöglichen Umbaus und Neu-Verschaltung des Gehirns (im Alter zwischen vierzehn und achtzehn Jahren), fordern wir derzeit schulische Leistungen, wo soziales Lernen und handwerkliche Tätigkeiten sinnvoller wären. Von den Jugendlichen wird verlangt, sich jeden Morgen aus dem Bett zu quälen, obwohl wir seit Jahrzehnten wissen, dass in der Pubertät das Gehirn erst gegen zehn bis elf Uhr vormittags beginnt, im üblichen Rahmen zu arbeiten und erst später in der Nacht zur Ruhe kommt.[19] Wir ändern nichts, weil beispielsweise die Schülertransportunternehmen Einspruch erhoben haben, wie es in der Diskussion um einen späteren Schulbeginn der Fall war. Aber damit müssen wir uns als Väter nicht zufriedengeben.

Genauso müssen wir die rigorose Trennung zwischen Arbeitswelt und Familie auflockern und in eine Balance bringen, denn eine Mehrheit will heute vier Tage arbeiten und drei Tage mit der Familie verbringen. Denn nur dann können wir anwesend sein. Väter – nicht alle, aber immer mehr – wollen heute für ihre Kinder da sein. Sie möchten wissen, wie es ihren Kindern geht und was sie spielen. Sie wollen Baumhäuser mit ihnen konstruieren, den Rasen mähen und gärtnern, sie wollen etwas mit ihren Kindern unternehmen. Es genügt ihnen nicht, sie nur vom Kindergarten oder der Schule nach Hause zu chauffieren. Anwesenheit bedeutet mehr, als nur physisch da zu sein und sich dann hinter der Zeitung zu verschanzen. Sie bedeutet zu zeigen, wer ich als Mensch bin, was ich kann und was nicht, beispielsweise wie man mit Langeweile umgeht. Dafür muss man sich Raum bzw. Zeit schaffen.

Wenn wir in die Familie gehören wollen, müssen dann Väter und Mütter immer einer Meinung gegenüber ihren Kindern sein? Natürlich nicht, wozu auch? Auf einer Veranstaltung wurde ich von einer Mutter um Rat gefragt. Ihr Sohn hatte die Angewohnheit, auf das Hausdach zu steigen und dort stundenlang zu sitzen. Ihr Mann wollte ihm das verbieten, weil er es gefährlich fand. Die Mutter erzählte, dass sie es als Kind selbst oft genossen hat, auf dem Hausdach zu sitzen, und deshalb die Ängstlichkeit ihres Mannes nicht nachvollziehen könne, obwohl sie wusste, dass er als Kind häufig krank und sehr behütet aufgewachsen war. Ich empfahl ihr, dass sich der Sohn die unterschiedlichen Standpunkte seiner Eltern anhören sollte. Es gab einen Grund, der dafürsprach (der Spaß), und einen, der dagegensprach (die Gefahr). Vermutlich wird der Sohn weiterhin aufs Dach steigen, in Zukunft seinem Vater zuliebe aber noch vorsichtiger sein. Er wird sich die unterschiedlichen Standpunkte anhören und seine Eltern dadurch besser kennenlernen, indem er erfährt, wie sie denken und fühlen. Als Vater haben wir die Aufgabe, einen solchen Austausch zu ermöglichen, statt unseren eigenen Standpunkt durchzusetzen. Denn das bringt uns nicht weiter.

Du hast mir furchtbar wehgetan

Ein Seminarteilnehmer, der mit männlichen Jugendlichen in einer Einrichtung arbeitete, berichtete: »Wenn wir ein bisschen Vertrauen aufbauen können, beginnen die jungen Männer zögernd über sich sprechen, doch immer aus einer enttäuschten Sicht: Ich kann nichts, ich bin nichts, ich bin ein Versager, niemand will mich, niemand ist stolz auf mich, alle finden, dass ich ein Stümper bin. Es ist unglaublich tragisch, den Schmerz dieser Jugendlichen zu erleben.«

Dabei gaben sie nur wieder, was andere über sie gesagt haben. Wenig bis keine Ermutigung, nicht gesehen werden. Keine Unterstützung, sich wertlos fühlen. Es fällt auf, dass diese vernichtenden Sätze fast ausschließlich von den Vätern der Jugendlichen stammten oder ihren Stellvertretern wie Stiefvätern, Freunden der Mutter, Erziehern in Einrichtungen oder Lehrern. Solche Sätze brennen sich im Gedächtnis des Heranwachsenden fest. Der Jugendliche kann noch nicht an sich glauben, sondern braucht eine Bezugsperson, die ihm vermittelt, dass er es schafft, dass er Kompetenzen besitzt, dass es ihn gibt.

Oft beginnt alles mit einer ungewollten Schwangerschaft. Das passiert häufiger, als wir wahrhaben wollen. Wir wissen auch, dass es nicht für alle Väter und Mütter in spe die schönste Nachricht der Welt ist, wenn sie erfahren, dass ein Kind unterwegs ist. Viele werdenden Eltern reagieren mit Ängsten und Sorgen, ob sie überhaupt in der Lage sind, das Leben mit einem Kind zu bewältigen. Und auch, ob wir überhaupt zusammen sein wollen.

Ich möchte an dieser Stelle versuchen, die Situation aus Sicht der Väter zu schildern. Haben sie sich endlich durchgerungen, das Kind zu bekommen, geht es in die nächste Runde. Immer wieder bleibt eine skeptische Grundhaltung dem Kind gegenüber, die sich so ausdrückt, dass es so werden soll, wie es der Vater für richtig hält, weil es von ihm gekommen bist. Denn wenn ich mich schon durchgerungen habe, dass das Kind da sein kann, will ich auch, dass es wird wie ich und keine Probleme macht.

Als Erzeuger das Recht beanspruchen zu dürfen, die eigene Schöpfung nach Belieben zu formen, ist eine fundamentale Fehlannahme, der ein zerstörerisches, patriarchales Weltbild zugrunde liegt. Dabei kommen unsere Kinder durch uns – nicht von uns. Wir haben sie nicht erschaffen und haben kein Recht sie zu brechen, wir können sie nur freundlich begleiten.

Das Fatale ist, dass sich Kinder diese Sichtweise unhinterfragt zu eigen machen. Kinder empfinden sich dann als Besitz ihrer Eltern und ertragen jedes willkürliche Verhalten. Bei diesem Machtmissbrauch kann es zu Traumatisierungen kommen, weil das Kind denkt, das alles aushalten zu müssen, um zur Familie gehören zu dürfen.

Es passiert häufig, dass die mittlerweile erwachsenen Kinder versuchen, sich mit dem Vater oder der Mutter auszusprechen, um eine Art Wiedergutmachung zu bekommen, die sie befreien könnte. Doch leider ziehen sich viele Väter mit einem »Ich habe doch nichts falsch gemacht« aus der Affäre, was für das Kind wie eine weitere Zurückweisung sowie ein deutlicher Fingerzeig ist, dass es an ihm liegt.

Solche Aussprachen scheitern häufig, weil sich diese Väter nicht auf den Weg gemacht haben, ihr eigenes Leben von Grund auf zu reflektieren und ihre eigenen Wunden anzuschauen und zu heilen, die ihnen ihre eigenen Eltern, die oft noch der Kriegs- oder Nachkriegsgeneration angehörten, zugefügt haben. Denn erst durch diesen Prozess des »Anschauens, was ist«, werden sie sich ihrer eigenen unverheilten Wunden bewusst und können erst dann die Wunden, die sie anderen zugefügt haben, überhaupt spüren und wahrnehmen, zulassen und damit etwas Sinnstiftendes tun – nämlich das zu heilen, was sie angerichtet haben.

Wenn nun erwachsene Kinder versuchen, etwas Positives von ihren betagten Eltern zu bekommen, erleben sie häufig eine weitere Zurückweisung, welche die alten Erinnerungen erneut aufleben lassen: Der eigentlich Schuldige bin ich, weil ich nichts wert und ungewollt bin. Es wäre besser, niemals geboren worden zu sein. Und manche kommen unbewusst zu dem Schluss: Ich darf kein erfülltes Leben führen. Ich bin nicht wert, glücklich zu werden und Liebe zu erfahren und an der Fülle des Lebens teilhaben.

Die Verletzung ist in uns, und deshalb können wir sie nur dort heilen – unabhängig vom vermeintlichen oder tatsächlichen Verursacher oder der Verursacherin.

Die Heilung in uns beginnt zuallererst damit, dem Verursacher oder der Verursacherin für ihre Taten böse zu sein. (Ich spreche im Folgenden über die Heilung in der Beziehung zum Vater, im Prinzip ist das Vorgehen aber auch in der Beziehung zur Mutter möglich.) Und das ausschließlich im Zwiegespräch mit sich selbst – eventuell kann man einen Stuhl als Gegenüber wählen: »Es hat mir so wehgetan, als du …« »Wie konntest du nur …« »Ich werde dir nie verzeihen, dass du …«

Wenn die berechtigte Anklage von dem Betroffenen formuliert worden ist, beginnt die zweite Phase, die sehr wichtig ist, um der fortwährenden Loyalität des Kindes seinen Eltern gegenüber gerecht zu werden: »Ich danke dir für mein Leben, das durch dich zu mir gekommen ist.«

Das sagt der Sohn zu seinem Vater: »Du bist beteiligt an meinem Entstehen, aber du hast mich nicht gemacht. Gemacht hat mich das Leben selbst, das ich in mir trage und weitergeben kann, wenn es so sein darf.«

So beginnt der Mensch, der diese Brüche erfahren hat, sich von seinem Vater zu lösen, der dafür verantwortlich ist, und seine Wunden dort zu behandeln, wo sie sind – in sich. Nur hier, in seiner Seele, kann er diese Heilung erhalten. Diese Heilung kommt nicht von außerhalb (und schon gar nicht von den Eltern), sie findet in jedem selbst statt. Hierbei kann therapeutische Unterstützung natürlich sehr oft hilfreich sein.

Damit sind Briefe oder Gespräche mit dem Wunsch, »der Alte« möge endlich begreifen, was er seelisch bei uns angerichtet hat, und die Verantwortung dafür übernimmt, hinfällig. Im Gegenteil, sie schaden, denn in der Regel wird sich der Beschuldigte nicht mehr erinnern wollen, die Erinnerungen des Kindes anzweifeln, mit Schweigen reagieren, sich entziehen, auf die lang vergangenen Zeiten hinweisen und die üblichen Erziehungsphrasen einer autoritären Pädagogik bemühen: »Du hättest meine Eltern erleben sollen«, »Mir hat es auch nicht geschadet«. Dies macht eine sogenannte Aussprache für die erwachsenen Kinder zu einer negativen Erfahrung, mit dem Resultat, dass sich der Teufelskreis fortsetzt: Sie zweifeln weiterhin an sich und sägen immer weiter an dem Ast, auf dem sie sitzen – ihrer eigenen Lebenskraft.

Die erlösenden Schritte sind in jedem Alter möglich. Dabei ist es nicht entscheidend, ob die Eltern noch leben oder nicht. Das Bild des unzulänglichen, gefühlskalten Vaters (oder der lieblosen, instrumentalisierenden Mutter) ist in uns! Nur dort kann es bearbeitet und geheilt werden, gleichgültig, wie sich der reale Vater dazu verhält.

Kompetente Kinder brauchen kompetente Väter

Es ist hilfreich, sich zu fragen, welche Haltung und welches Denken wir mit unserer Erziehung und unseren Beziehungen in unserer Familie eigentlich fördern möchten. Wollen wir noch Untertanen heranziehen, die auf Anweisungen und Befehle reagieren? Diese Haltung kommt oft getarnt daher, indem Väter beispielsweise sagen: »Aber ich lass mir doch nicht auf der Nase rumtanzen«, oder »Wo kommen wir denn da hin?«

Oder wünschen wir uns, dass unsere Kinder zu Menschen heranwachsen, die ein hohes Maß an Selbstständigkeit, Kompetenz und ein starkes Selbstwertgefühl mitbringen?

In letzterem Fall brauchen Kinder Väter, die bereit sind, sich zu entwickeln. Väter, die wie Leuchttürme sind und klare Signale geben sowie deutlich sagen, was sie wollen, anstatt bloß zu artikulieren, was sie nicht wollen, immer aus einer Haltung der gleichen Würde.

Kinder brauchen Väter, die wie Sparringspartner sind, die zu Hause gleichsam eine Trainingssituation bieten und dabei den größtmöglichen Widerstand leisten und zugleich den geringstmöglichen Schaden anrichten.

Kinder brauchen Väter, die bereit sind, mit ihnen zu wachsen. Väter, die fehlbar sind und sich das eingestehen, weil sie keine Lust mehr haben, perfekt sein zu müssen. Väter, welche die alten tradierten Erziehungsmethoden ablehnen und Kindern mehr Freiräume lassen, was die Autonomie der Kinder fördert. Väter, die sich entspannen können, weil sie die Kraft haben, Nein zu sagen, wenn sie das für richtig halten. Väter, die ihre Verantwortung ernst nehmen – wissend, dass diese Kinder nicht ihr Besitz sind, sondern das Geschenk des Lebens, wie sie selbst es sind. Väter, die wissen, dass ihre Kinder nicht wie ihre Väter und Mütter werden müssen, um gut zu sein. Väter, die die Kraft in sich entwickelt haben, sich und ihren Kindern immer mehr zu vertrauen.

Vater und Mutter sind der Ausgangspunkt für die positive Entwicklung des Kindes. Sie sind verantwortlich für die Wertebildung und letztlich auch dafür, ob und wie ihre Kinder lebensfähig werden. Wenn von Vater und Mutter zerstörerische Werte vorgelebt werden, dann wird es schwierig, diese zu einem späteren Zeitpunkt zu korrigieren. Gemessen an dieser schwierigen Aufgabe wird zu wenig getan, damit Familien diese Aufgaben bewältigen können. Wirtschaft und Politik haben die Relevanz der Familie für die Werteentwicklung – und das, was man dafür tun muss – noch gar nicht begriffen. Jeder Euro, den wir in die frühkindliche und kindliche Entwicklung, in Institutionen und Familien investieren, trägt in der Zukunft dutzendfach Früchte, beispielsweise dass die Folgekosten im späteren Leben wie Therapien wegen Depressionen weniger nötig werden. Dies ist ein Grund, endlich umzudenken und gegen all die Bedenken den vielen Worten endlich Taten folgen zu lassen. In skandinavischen Firmen kann es schon mal passieren, dass der Chef einen Mitarbeiter auffordert, endlich Feierabend zu machen und nach Hause zu seiner Familie zu gehen. In Deutschland hingegen werden Überstunden häufig als normal angesehen.

Väter, die ihre Verantwortung für ihre Familie ernst nehmen, werden sich bald trauen zu sagen: »Ich mache für heute Schluss, denn ich habe meinem Sohn versprochen, das Modellflugzeug mit ihm weiterzubauen.« Wird das immer möglich sein? Nein, aber immer öfter!

Schuld und Unschuld in Beziehungen

Nähe und Distanz erleben, fremdbestimmt und selbstbestimmt handeln, Opfer und Täter sein, sich Autonomie und Symbiose wünschen: Diese Begriffspaare haben gemeinsam, dass sie jeweils konträre Gegensätze beschreiben. In unseren Beziehungen befinden wir uns manchmal in einem dieser Zustände und vergessen die Möglichkeit des Gegenübers. Dabei benötigen wir beides: Anspannung und Entspannung, Nähe und Distanz, Selbstbestimmung und Fremdbestimmung (beispielsweise durch Regeln im Verkehr). Wir brauchen Autonomie, Selbstständigkeit und Unabhängigkeit wie auch Zugehörigkeit und manchmal das Gefühl des Verschmelzens, die Symbiose. Auch können wir uns vom Gefühl des Getriebenseins und der Machtlosigkeit sowie aus der Opferrolle nur befreien, indem wir anerkennen, wo wir auch Täter sind oder waren. Wenn wir beispielsweise von unserer Partnerin oder unserem Partner erwarten, dass sie oder er uns glücklich macht, begeben wir uns in eine bedürftige Rolle. Wir leben in der Annahme, dass ein anderer Mensch uns glücklich machen könnte, obwohl es ausschließlich unsere Aufgabe ist, das zu tun. Es ist der aktive Schritt aus dem Glaubenssatz »Ich kann nicht«, der oftmals »Ich will nicht« bedeutet. Indem ich mir meine eigene Handlungs- und Schaffenskraft nicht vergegenwärtige, gebe ich überhaupt erst den Raum für ein Opfer-Täter-Denken. Dann kommt schnell die Schuldfrage auf den Tisch. In meinen Beratungen biete ich jedes Mal an, den toxischen Begriff der Schuld zu transformieren. Niemand will schuld sein, schon gar nicht an seinem eigenen Schicksal des Nichtgelingens. Da der Begriff der Schuld in unserem christlichen, monotheistischen Kulturkreis überfrachtet ist mit negativen Gefühlen und Gedanken, benutze ich den Begriff des *Beteiligtseins*. Ich bin beteiligt, aber nicht schuld, dass etwas Bestimmtes eingetreten ist. Und *nur* weil ich beteiligt bin, kann ich es auch verändern!

Ein Beispiel: In meiner Herkunftsfamilie wurde jeder Fehler bewertet. Wenn ich etwas kaputt gemacht hatte, kam sofort ein Vorwurf. Diese Schuldzuweisung wurde jedoch nicht verbal ausgedrückt, sondern mit einem vorwurfsvollen Blick und entsprechend heruntergezogenen Mundwinkeln, gerade meine Mutter war dafür Spezialistin. So bin ich aufgewachsen und in der Folge war das meine Erwartung, wie jemand reagieren würde, wenn etwas schiefging. Ganz anders war das jedoch bei meiner ersten Frau, der Mutter meiner Kinder. Wenn die Kinder etwas angestellt hatten, blieb sie völlig ruhig und entspannt. Sie nahm zur Kenntnis, was geschehen war, und weiter ging's. Ich war platt –so konnte man auch mit kleinen Katastrophen umgehen! Was für eine Erleichterung, keine Schuld war nötig, keine subtilen Botschaften der Ablehnung. Da Väter eher für die Entwicklung der Kinder im Außen wirksam sind, wäre diese Haltung ein Segen für sie selbst und ihre Kinder. »Macht nix, bringen wir wieder in Ordnung. Ich helf dir.«

Die Gedanken, die wir unterstützen, bestimmen unser Leben

Einer der wichtigsten Sätze für mich lautet: Man muss an die Kraft in der Familie glauben und sie aktivieren. Man muss sich mit diesen Kräften verbünden und die jungen Menschen in ihren positiven Kräften bestärken. Dazu gibt es eine kleine Geschichte, die mir schon in unterschiedlichen Kontexten begegnet ist und die Sie vielleicht kennen: Es sind zwei Wölfe in deinem Kopf, die ständig miteinander kämpfen. Der eine Wolf ist wie die Dunkelheit, Verzweiflung und negative Energie, permanent nervös und voller Pessimismus. Der andere Wolf ist wie das Licht und die Hoffnung. Er kann sich selbst von außen betrachten, ist humorvoll, positiv, klar. Welcher Wolf gewinnt und bestimmt über dein Denken und deine Haltung? Natürlich gewinnt der Wolf, den du mit deinen Gedanken und deinem Tun fütterst.

Die Gedanken, die wir unterstützen, bestimmen unser Leben. Wenn ich mit Erzieherinnen oder Lehrern arbeite, habe ich manchmal eine große Cola-Flasche dabei, die ich schüttele. Ich bitte einen der Anwesenden, sie zu öffnen, wobei ich immer die Antwort höre: »Nein, da ist zu viel Druck drin!« Ja, das ist es, und so kommen Kinder oftmals in die Schule oder in den Kindergarten. Damit umzugehen ist nicht einfach. Es fängt damit an anzuerkennen, dass es sich so verhält. Daraus wird eine Konsequenz formuliert: »Ihr seid unter Druck, und jetzt müssen wir schauen, wie wir damit umgehen, damit wir nicht auch unter Druck geraten.« Das bedeutet, mit dieser Situation so umgehen zu lernen, dass es der Erzieherin oder der Lehrkraft weiterhin gut gehen kann. Ich habe in Schulen erlebt, dass sie den von den Kultusministern verursachten Lehrermangel durch Väter, die für die jeweiligen Fächer qualifiziert waren, behoben haben. Die Praktiker hatten Spaß an der Arbeit, die Schüler hatten eine gute Abwechslung und überhaupt Unterricht. Die Schulleiterin sagte, ohne die freiwilligen Väter könnte sie den Laden zumachen.

Mit eigenen Aggressionen umgehen lernen

Das Thema Aggression ist für gelingende Beziehungen substanziell wichtig. Dafür müssen wir lernen, unsere Aggressionen zu steuern. Es kann viele Jahre dauern, bis wir dazu in der Lage sind, doch es ist möglich. Denn wir besitzen unsere Gefühle – nicht umgekehrt.

Wie man erfolgreich mit Aggressionen umgehen kann, erläutere ich in Seminaren anhand dieses Beispiels: Ich stelle ein Glas Wasser auf den Boden und fülle es langsam mit Wasser bis zum Rand, bis sich die Oberflächenspannung bildet. Man weiß genau, dass es überlaufen würde, wenn jetzt noch nur ein einziger Tropfen dazukäme. Genauso verhält es sich mit unseren Emotionen. Wenn die Partnerin oder das Kind diesen Tropfen zu viel liefert, platzen wir, beschimpfen unser Gegenüber und behandeln es respektlos. Wir können uns nicht beherrschen, weil der Stress zu groß ist. Unser inneres Wasserglas ist übervoll durch emotionale Belastungen, Druck sowie Stress. Es ist ein Zuviel von allem. Die Frage ist, was ich tun kann, damit mein »Emotionsglas« nicht so voll ist, dass es nicht diese Oberflächenspannung bekommt. Beim Wasserglas ist klar, was zu tun ist: Man muss abtrinken. Bei unseren hochgepeitschten Emotionen im Alltag sollten wir – beispielsweise durch Sport, Meditation, autogenes Training oder andere entspannende und ausgleichende Aktivitäten und Praktiken – dafür sorgen, dass sie sich abkühlen.

Dabei ist es wichtig zu erkennen, dass ich unter Druck stehe und meine Partnerin oder meine Kinder mir etwas liefern, das mein Inneres zum Überlaufen bringt. Dies ist übrigens auch ein hilfreiches Beispiel für Kinder, denen es oft ähnlich ergeht und die dadurch lernen können, mit dem eigenen Druck umzugehen. Wir *sind* nicht der Druck, wir *haben* Druck. Die Frage lautet dann: »Wie schaffe ich es, mit meinen Aggressionen umzugehen?« Die meisten von uns verabscheuen Gewalt und lehnen Aggressionen ab, dabei sind sie ein wesentlicher Bestandteil unserer Gefühlswelt.

Jeder Mensch ist in der Lage, aggressiv zu reagieren. Manche richten die Aggressionen auch gegen sich selbst.

Wenn Sie immer wieder das dringende Gefühl haben, eine Auszeit von Ihren Vaterpflichten zu benötigen, dann sind es vielleicht weniger die Kinder, von denen Sie eine Pause brauchen. Vielmehr sind es die Gefühle, die in Ihnen aufsteigen, wenn Sie mit Ihren Kindern zusammen sind. Was durch Ihre Kinder ausgelöst wird, erinnert Sie (vielleicht unterbewusst) möglicherweise an Ihre eigene Kindheit. Diese Erinnerungen sind im Normalfall gut verpackt und in einem verborgenen Winkel Ihres Inneren versteckt. Jetzt sind sie durch die Spiegelung Ihrer eigenen Kinder wiederbelebt und sichtbar geworden.

Die gute Nachricht ist, dass Sie mit den aktivierten Gefühlen, die vielleicht mit Ihrer eigenen Kindheit zu tun haben, umgehen lernen können. In diesem Prozess nehmen Sie diese Gefühle zuerst wahr, dann erkennen Sie sie als Ihre eigenen an. Nicht andere Menschen sind dafür verantwortlich, dass Sie diese Gefühle empfinden. Zugegeben, unsere Kinder haben den Anstoß gegeben, dass sie an die Oberfläche getreten sind. Aber dafür, dass wir ungeduldig sind und deshalb wütend werden, sind wir selbst verantwortlich.

In meinen Seminaren und Weiterbildungen biete ich Teilnehmerinnen und Teilnehmern die Möglichkeit an, in einem kleinen Ritual dem Menschen, von dem sie diese Gefühle übernommen haben, diese wieder zurückzugeben. Ich habe dieses Ritual schon im Kapitel »Ein Rückgaberitual« beschrieben. Ich möchte hier noch ein weiteres Beispiel anführen.

Ein Vater wurde immer sehr ungeduldig, wenn sein Sohn beim Anziehen und auch in anderen Situationen trödelte. Er stand jedes Mal kurz vor einem Wutausbruch, und es kostete ihn Mühe, sich zu beherrschen. Seine Reaktion war für diesen minimalen Anlass völlig unangemessen. In einem Seminar für Väter formulierte er den Wunsch, sich von dieser Wut befreien zu wollen. Ich fragte ihn, ob er in seiner Kindheit ähnliche Situationen erlebt habe. Er erzählte, dass sein Stiefvater ihn an den Haaren gezogen hatte, wenn er nicht schnell genug reagierte, und ihn manchmal mit der flachen Hand schlug, während er ihm drohte: »Ich werde dir schon beibringen, dass hier nicht rumgetrödelt wird.« Als diese Erinnerung in ihm aufstieg, sagte er unter Tränen: »Es ist das erste Mal, dass ich einen direkten Zusammenhang meines eigenen Erlebens zum Verhalten meines Sohnes erkenne, und das macht mich sehr traurig. Mir wird klar, dass mein Ärger, Zorn und meine Wut nichts mit ihm zu tun haben, sondern dass er nur der Anlass dafür ist. Ich empfinde Schuldgefühle meinem Sohn gegenüber, denn er kann nichts dafür, dass ich das alles erlebt habe und dass ich jetzt eine kurze Zündschnur habe. Was kann ich tun?«

Ich empfahl dem Vater, das Rückgaberitual durchzuführen, bei dem er seinen Schmerz, seine Wut, seinen Zorn sowie sein Gefühl, ungerecht behandelt worden zu sein, an seinen Stiefvater zurückgeben konnte. Dazu stellte er sich vor einen leeren Stuhl, dessen Sitzfläche zu ihm zeigte, nahm einen Stapel Bücher in die Hand, schaute auf den Stuhl, der seinen Stiefvater symbolisierte, und sprach die Worte: »Lieber Stiefvater, ich gebe dir meine Wut, meinen Schmerz und meinen Zorn zurück. Diese Gefühle sind bei mir ausgelöst worden, als du mich immer wieder an den Haaren gezogen hast, was mir sehr wehgetan hat, aber noch viel mehr haben mich deine Worte und deine Ablehnung verletzt. Dies alles gebe ich dir zurück, denn ich will es nicht mehr weitertragen.« Mit diesen Worten legte er den schweren Bücherstapel auf die Sitzfläche des Stuhles.

Ich empfahl ihm, diese Übung immer wieder in Gedanken durchzuführen. Wenn er sich an einem Bach oder See aufhielt, könne er sich einen Stein nehmen und diesen mit folgenden Worten zurück ins Wasser werfen: »Ich gebe dir zurück, was deins ist. Ich gebe dir deine schlechte Behandlung zurück, die du wahrscheinlich selbst von deinen Eltern erfahren hast und die ich nicht an meinen Sohn weitergeben werde. Ich unterbreche diesen Strom des Unguten. Ich höre damit auf. Ich gebe alles an dich zurück, und du kannst es dorthin zurückgeben, wo es hingehört, woher du es bekommen hast. Ich gebe dir zurück, was deins ist, und behalte, was meins ist.«

Schon William Shakespeare hat es auf den Punkt gebracht: »Gib Worte deinem Schmerz. Gram, der nicht spricht, preßt das beladne Herz, bis daß es bricht.«[20]

Diese Beispiele können uns zeigen, dass die unkontrollierten Aggressionen einen Sinn bekommen, wenn wir uns auf die Suche nach den Ursachen dafür machen. Diese Aggressionen müssen uns nicht hilflos machen, sondern sie zeigen uns auf, hier gibt's noch was zu tun.

Zu sich selbst Ja sagen können

Ich habe gerade das Rasenmähen unterbrochen, um diese Zeilen aufzuschreiben, weil ich mich an ein Ereignis vor über dreißig Jahren erinnert habe. Ich war damals auch dabei, den Rasen zu mähen und hatte nach zwei Stunden keine Lust mehr weiterzumachen. Allerdings hatte ich auch den Grundsatz meines Vaters verinnerlicht: »Du musst die Dinge fertig machen. Stückwerk zählt nicht.« So mähte ich weiter und quälte mich mit einem besonders schwierigen Rasenstück ab, auf dem große Disteln und Ampfer wuchsen. Ich war geladen und schimpfte.

In dem Moment kamen meine damals zwei und vier Jahre alten Kinder und wollten etwas von mir. Ich schnauzte sie an, dass ich jetzt keine Zeit hätte, ob sie nicht sehen würden, wie schwer das hier zu mähen sei …

Vielleicht kennen Sie auch ähnliche Situationen, in denen man einfach über seine eigenen Grenzen geht, ohne es zu merken. Erst Jahre später wurde mir klar, dass der Satz »Du musst die Dinge fertig machen« eine positive Seite hat: Ich war ein zuverlässiger Angestellter gewesen und ein zuverlässiger Unternehmer geworden. Hier war der Grundsatz meines Vaters nützlich – auch wenn ich beruflich immer wieder über meine Grenzen ging. Der Satz hatte aber auch einen negativen Aspekt, denn selbst bei einer nebensächlichen Tätigkeit wie Rasenmähen gehorchte ich dem väterlichen Grundsatz eisern. Damals wäre es mir kaum in den Sinn gekommen, meine Tätigkeit zu unterbrechen und auf den nächsten Tag zu verschieben, weil ich keine Lust mehr hatte. Dafür mussten meine Kinder meine schlechte Laune ertragen.

Was mir damals – und bis heute – geholfen hat, war, mir darüber klar zu werden, was ein möglicher Antreiber für meine

Idee »alles fertig machen zum müssen« sein könnte. Plötzlich fiel mir die Devise meines Vaters ein. Ich wollte ihm nicht den Zusammenstoß mit meinen Kindern ankreiden, sondern einen Auslöser für meine Reaktion erkennen. Für alles Weitere war ich verantwortlich.

Aushalten - lieben und mögen

Was kann meine Liebe zu meinem Kind beeinträchtigen? Zuallererst möchte ich sagen, dass alle Eltern ihre Kinder lieben, doch die allermeisten von ihnen machen die Erfahrung, dass ein Kind eine Lebensaufgabe ist. Dazu kommt, dass einige Eltern zwar kein Kind geplant hatten, eine Abtreibung für sie jedoch nicht infrage kommt. Jetzt finden sie sich in einer Situation wieder, in der sie sich noch nicht ganz für das Kind entschieden haben, obwohl es auf der Welt ist. Man kann dann häufig den Eindruck gewinnen, sie arrangieren sich mehr recht oder schlecht mit der Tatsache und ertragen ihr Kind, so gut es geht.

Das ist eine ebenso kontraproduktive Strategie wie autoritäres Gebaren, das die Vater-Kind-Beziehungen stark beeinträchtigt. Je mehr Druck wir auf das Kind ausüben, desto mehr Widerstand leistet es. Alles, was meine Beziehung zum Kind schwächt und es verunsichert, wirkt sich auch negativ auf seine Entwicklung aus. Manche Väter schicken ihr Kind aufs Zimmer. Das ist die berüchtigte Timeout-Methode, die auch in manchen Kindergärten oder Schulen (noch) praktiziert wird. In früheren Zeiten musste das Kind in die Ecke, das finden wir barbarisch, aber dass der stille Stuhl oder die Verbannung ins Kinderzimmer das gleiche Prinzip erfüllt, fällt vielen gar nicht auf. Das Kind wird vor die Tür, auf die

Treppe oder in ein anderes Zimmer geschickt, wenn es sich nach Meinung der Erwachsenen ungebührend verhalten hat. Es soll dort über sich nachdenken und sich dann »bessern«. Der temporäre Kontaktabbruch wird als Druck- und Drohmittel sowie Bestrafung benutzt, um das Kind gefügig zu machen. Ihm wird signalisiert, dass seine Anwesenheit unerwünscht ist. Was lernt das Kind durch solche Erziehungspraktiken? Dass die Beziehung zu seinem Vater an Bedingungen geknüpft ist, die darin bestehen, dass es sich nach seinen Regeln verhält. Das ist das genaue Gegenteil dessen, was jeder liebende Vater seinem Kind beibringen will.

Wie könnte eine Lösung aussehen? Je weniger fixe, festgefügte Vorstellungen der Vater davon hat, wie sein Kind sein soll, desto stärker kann er seine Individualität, Eigenständigkeit und Autonomie schätzen. Er verabschiedet sich von der Illusion zu wissen, was für sein Kind und die Welt, in der es später leben wird, richtig ist. Das bedeutet nicht, dass er seine Werte und seine Lebenserfahrung dem Kind vorenthält.

Der Vater sollte sagen, was er für richtig und passend hält, aber er sollte seinem Kind nicht vorschreiben, wie es zu handeln hat. Allein sein Vorbild genügt und hat oftmals einen prägenden Einfluss: Wir gehen mit anderen so um, wie andere mit uns umgegangen sind.

Weitere Faktoren, die eine liebevolle Beziehung zum Kind verhindern, sind die Perfektionssucht, unter der manche Väter leiden, und ihr Optimierungswahn, den sie an ihrem Nachwuchs auslassen. Auch der auf das Kind übertragene Wunsch, bloß unauffällig zu sein, um nicht zum Gespött der anderen zu werden, stets die Fassade zu wahren, egal was dahinter passiert, nichts Besonderes zu sein und sich »nicht so wichtig zu nehmen«, können die Entwicklung des Kindes negativ beeinflussen. Dabei ist doch jeder von uns einzigartig. Es wird noch etwas dauern, bis diese Einsicht um sich greift. Es geht darum, Individualität zu fördern und die Unkultur des Gehorsams und der Unterordnung zu begraben.

Manchmal vermeiden Väter die Nähe zu ihrem Kind, weil sie nichts mit ihm anfangen und keine Gefühle entwickeln können. Die Wahrscheinlichkeit ist groß, dass diese Väter selbst als Kinder vernachlässigt wurden, Desinteresse oder Kälte erfahren haben, wo sie Nähe, Wärme und Zugewandtheit gebraucht hätten. Für mich ist dieser Umstand der Dreh- und Angelpunkt, warum Väter – aber auch Mütter – an ihren Kindern vorbeilieben. Es ist eine verzweifelte Situation: Der Vater glaubt, für seine Rolle nicht geboren worden zu sein, das Kind denkt, etwas falsch gemacht zu haben, weil sein Papa es nicht liebt. Beide Annahmen sind so naheliegend wie unzutreffend. Der Vater kommt gar nicht auf die Idee, dass die Gefühle, die sein Kind bei ihm auslöst, etwas mit seiner eigenen Vergangenheit zu tun haben. In gewisser Weise handelt es sich um eine Verschiebung, zuungunsten beider Beteiligten. Wie könnte das geändert werden? Das ist einfach und schwer zugleich. Einfach, weil Sie lediglich auf sich zu schauen brauchen. Das Kind ist nur der Auslöser für Ihre Gefühle, nicht die Ursache, die in Ihrer eigenen Vergangenheit liegt. Das Schwere daran ist, dass es zu unserer Überlebensstrategie gehört, diese verletzenden Erfahrungen vergessen zu wollen und auch vergessen zu haben. Jetzt, mit unserem Kind, steigen diese Gefühle wieder in uns auf. Sein Verhalten war der Auslöser dafür. Als Erwachsene jedoch haben wir die Wahl, wie wir auf unser Kind reagieren.

Unser Kind zu verändern gelingt nur, indem wir ein freundliches Beispiel geben.

Dazu sollten wir unsere eigenen Aggressionsauslöser genau anschauen und nicht auf das Kind projizieren.

Kinder brauchen Sicherheit, Geborgenheit und das Gefühl von Zugehörigkeit, um neugierig sein zu können. Neugierde wiederum ist notwendig, damit Kinder lernen können. Wenn sie durch Elternstreitigkeiten oder andere verunsichernde Situationen in ihrem Umfeld belastet sind, können sie nur wenig Neues aufnehmen, da ihre Aufmerksamkeit durch diese Störfaktoren absorbiert wird. Die Fähigkeit, Neues aufnehmen und verarbeiten zu können, ist aber eine wichtige Voraussetzung, um zum Beispiel in der Schule erfolgreich mitmachen und sich konzentrieren zu können. Andernfalls wird ein unguter Kreislauf in Gang gesetzt.

Es ist besser, meine Aggressionen meinem Kind oder meiner Partnerin gegenüber zuzugeben und vor allem mir selbst einzugestehen. Sonst laufe ich Gefahr, mein Verhalten mit meinen Aggressionen zu rechtfertigen, anstatt dafür die Verantwortung zu übernehmen.

Formulierte man diese Veränderung als Satz, würde die alte Version eine Schuldzuweisung beinhalten: »Ja, es macht mich aggressiv, weil du immer …« Die neue Version könnte lauten: »Ich habe verstanden, dass sich meine Aggressionen durch etwas speisen, das mit dir (mein Kind, meine Partnerin) gar nichts zu tun hat. Du bist nur der Auslöser. Das merke ich daran, dass ich viel stärker reagiere, als es für diese Situation angemessen wäre, und dich beschuldige.«

Paarbeziehung - Paarkonflikte

Wenn Paare mit ihrer Beziehung nicht glücklich sind, kann das verschiedene Ursachen haben. So individuell jeder einzelne Mensch ist, so einzigartig sind auch die Auseinandersetzungen innerhalb einer Partnerschaft. Und doch lassen sich Gemeinsamkeiten und Probleme ausmachen, die in Partnerschaften oft auftauchen. Einer der häufigsten Konflikte in Paarbeziehungen besteht darin, den anderen anders haben zu wollen als er ist.

Wenn ich dich anders haben will, als du bist,
läuft das todsicher schief.

Für gelingende Beziehungen – egal, ob von Eltern zu Kindern, in Paarbeziehungen oder auch in Freundschaften – ist es ganz entscheidend, den anderen anzunehmen, wie er ist. Das ist eine große Kunst, weil es mit uns selbst zu tun hat, nicht mit unserem Partner. Und erst recht nicht mit unserem Kind. Wer eine glückliche, harmonische Beziehung möchte, der muss in der Lage sein, sich selbst den Spiegel vorzuhalten. Er muss sich trauen, dort hinzuschauen, wo er jahrelang einen großen Bogen drum herum gemacht hat: auf die eigene Vergangenheit und Entwicklung sowie die persönlichen Herausforderungen.

Wenn ich permanent meine Mitmenschen kritisiere, ist das ein Symptom dafür, dass ich selbst nicht in Balance bin. Dann stellt sich die Frage, warum das der Fall ist. Denn der Partner ist ja vielleicht sogar bereit, sein Verhalten zu ändern, das Kind sowieso. Aber damit bin ich mein wahres Problem nicht los.

Wenn in einer Paarbeziehung zum Beispiel der Mann aufhört, abends fernzusehen, weil die Frau ihm das immer vorgeworfen hat, kommen die beiden nicht automatisch gut ins

Gespräch miteinander, nur weil der Mann jetzt nicht abgelenkt ist und sich dadurch die Gelegenheit bietet. Vermutlich ist vorher schon viel passiert, was die beiden auseinandergebracht hat. Und darum müssen sie sich *jetzt* kümmern. Wer feststellt, dass er genau diesen Konflikt in der Beziehung hat; wer unglücklich ist, weil der Partner sich nicht so verhält, wie man sich das wünscht – der sollte sich jetzt die Fragen stellen: Was steht meiner Selbstliebe im Weg? Und: Warum bin ich mit mir selbst nicht im Reinen?

Wenn ich mir harmonische Beziehungen wünsche, muss ich akzeptieren, dass die anderen anders sind als ich. Dann befindet sich der Konflikt dort, wo er hingehört, nämlich bei mir. Ich mache die anderen nicht länger dafür verantwortlich, dass sie anders sind, als ich sie haben will. Damit ist nicht gemeint, die eigenen Bedürfnisse und Grenzen hintanzustellen. Im Gegenteil: Für diese zu sorgen, ist Teil der Lösung. Meine Freiheit endet da, wo deine beginnt.

Wenn es zu Konflikten in einer Beziehung kommt, sollte jede und jeder Beteiligte also zunächst einen Blick auf die eigenen Baustellen werfen und sich fragen: Wie geht es eigentlich *mir*? Das Ganze hat mit Selbstbejahung zu tun: *Ich bin okay, wie ich bin*. Wenn das auf mich selbst zutrifft, habe ich keinen Grund mehr, an anderen herumzunörgeln.

Der Sozialisationsprozess betrifft das Aufwachsen eines Menschen in einer bestimmten Umgebung und Gesellschaft. Wer sich selbst nicht akzeptiert und aus diesem Grund Schwierigkeiten hat, seine Mitmenschen anzunehmen, sollte sich mit der eigenen Kindheit auseinandersetzen.

Selbstbejahung ist nur möglich, wenn ich mit dem, was ich in meiner Kindheit erlebt und erlitten habe, im Reinen bin.

Der Paarkonflikt ist immer ein Konflikt mit sich selbst. Menschen, die sich durch das Leben unfair behandelt fühlen, müssen eine existenzielle Entscheidung fällen: Will ich dieses Unrecht, das ich empfinde, überwinden, indem ich meinen Anteil an den Problemen erkenne und die Verantwortung übernehme, oder will ich die Rolle des Opfers annehmen?

Wer die Verantwortung für sein Leben nicht übernimmt, wird zum Opfer.

Wer sich von seiner Partnerin oder seinem Partner trennt oder es zumindest in Erwägung zieht, möchte auch der Person den Rücken kehren, die er oder sie in dieser Beziehung geworden ist. Vielleicht konnte derjenige nicht der Vater oder die Mutter sein, die er sein wollte. Vielleicht hat man sich ein gemeinsames Leben geschaffen, das man rückblickend betrachtet gar nicht wollte. Doch die gute Nachricht ist, dass man Selbstgeschaffenes auch selbst verändern kann.

Als weitverbreiteter Grund für Paarkonflikte werden häufig die Kinder genannt, doch es verhält sich anders: Nicht das Kind zerstört die Paarbeziehung, sondern die nostalgische Einstellung von Vater und Mutter zu einer Art von Beziehung, die unwiderruflich vorbei ist. Als werdender Vater ist uns noch nicht klar, dass nichts bleibt, wie es war. Dass sich das Leben mit unserer Partnerin komplett verändert. Sich das zurückzuwünschen ist erlaubt, darüber zu trauern auch, jedoch permanent verärgert zu sein, weil es nicht mehr stattfindet, ist dumm.

Väter tun sich schwer, weil sie weder durch die Schwangerschaft noch durch die Geburt diese enge Verbindung zum neuen Kind aufbauen können. Das gelingt ihnen nur, wenn sie so viel Zeit wie möglich mit dem Baby verbringen. Dann sind Eifersuchtsgefühle kein Thema mehr, weil beim Vater ein innerer Prozess eingesetzt hat, der ihn mit dem Neugeborenen verbindet.

Paarkonflikte und wie als Vater damit umgehen

Das Therapeutenehepaar Julie und John Gottman hat herausgefunden, dass die meisten Paare, die nichts an ihrer Beziehung änderten, wenn Warnzeichen auftraten (Kritik, Verachtung, Verteidigung, Rückzug), nach fünf Jahren geschieden waren.[21] Sprechen Sie also darüber, ob und was das mit Ihnen zu tun haben könnte. Tauschen Sie sich darüber aus, wie Sie sich Ihre Beziehung idealerweise wünschen würden. Wichtig dabei ist, dass Sie von sich sprechen und Ihren Partner nicht kritisieren. Noch wichtiger ist, dass Sie diese Partnerschaft noch wollen. Wenn das nicht mehr der Fall ist, sagen Sie es! Wenn Sie sich noch unklar sind, sagen Sie das.

Auf Kinder wirken sich auch Ihre Paarkonflikte immer stressig aus. Sie spüren, wenn man sich ständig gegenseitig reizt, die Stimmung schlecht ist. Das beunruhigt sie. Es ist deshalb sehr wichtig, dass sie sich gegenseitig tolerieren, dass sie auch mal großzügig über die Eigenschaften der Partnerin hinwegsehen, die Sie nerven, dass sie sich aufeinander einlassen. Wenn es gar nicht geht, holen Sie sich Hilfe.

Die folgende Übung kann Ihnen helfen, sich wieder näherzukommen, sich einfach wahrzunehmen. Das hilft, sich gegenseitig mehr anzunehmen – und damit auch mehr Ruhe reinzubringen, die nicht nur den Kindern, sondern auch Ihnen zugutekommt.

Übung

Mit dieser Übung haben viele Klienten in meinen Paarberatungen gute Erfahrungen gemacht: Setzen Sie sich gegenüber auf einen Stuhl, ca. zehn Zentimeter Abstand zwischen den Knien, sagen Sie nichts. Schauen Sie sich nur in die Augen. Beobachten Sie Ihre Gedanken. Sagen Sie nichts. Halten Sie den Blick für ca. fünf Minuten.

Nach einer Zeit spüren Sie, dass es genügt. Stehen Sie auf, oder umarmen Sie sich im Sitzen, je nachdem, wonach es Ihnen ist. Bleiben Sie bei sich, in Gedanken und in Worten.

Sollte Ihrer Partnerin dazu die Kraft fehlen, bieten Sie ihr an, einfach mal nur zuzuhören, ohne Kommentare zu geben. Wenn Ihnen umgekehrt die Kraft fehlt, dort hinzuschauen, wo es wehtut (meist geht es um frühere Ereignisse, auch in der Kindheit), bitten Sie sie um Hilfe und erlauben Sie ihr, für eine kurze Zeit die Regie zu übernehmen. Und Sie so zu entlasten, um den nächsten Schritt hin zu Ihren Kraftquellen zu gehen. Denn eines wissen wir alle, es braucht viel Kraft, alte Kränkungen unter der Decke zu halten. Kraft, die uns für unsere Kinder, für unsere Partnerschaft, und nicht zuletzt für uns selbst fehlt.

Väter und Trennung: das Zwei-Zuhause-Modell

Allzu oft kommen wir, wenn wir in eine Trennungsphase geraten, auf die Idee, jemand anderes sei schuld. Eine weitverbreitete, unausgesprochene Idee, was der Grund für die Trennung sei, sind die Kinder: »Seit die Kinder da sind, ist alles anders, du hast dich so verändert, ach wäre es doch wie früher, ohne Kinder ...« Doch es verhält sich anders. Nicht das Kind zerstört die Paarbeziehung, sondern die nostalgische Einstellung der Eltern zu einer Art von Beziehung, die unwiderruflich vorbei ist.

Gründe für Trennungen gibt es viele im Außen. Dabei geht es vielmehr um Inneres. Ich habe meinen Anteil daran, dass es so geworden ist. Und nur da geht es weiter für mich.

Wer sich von seinem Partner trennt oder es zumindest in Erwägung zieht, der trennt sich in Wahrheit von dem Menschen, der er selbst geworden ist in dieser Beziehung. Vielleicht konnte derjenige nicht der Vater oder die Mutter sein, die er oder sie sein wollte. Vielleicht hat man sich ein gemeinsames Leben geschaffen, das irgendwann nicht mehr den Vorstellungen des einen Partners entsprach. Doch die gute Nachricht ist, dass man es selbst miterschaffen hat und deshalb verändern kann. Das wiederum bedeutet, dass man sich selbst ändern muss, dass man sich mit sich selbst versöhnen muss, sich selbst der beste Freund werden muss. Die entscheidende Botschaft bei der Trennung lautet: Es geht mehr um mich als um dich, egal ob du dich getrennt hast oder ich mich.[22]

Wird der Mann verlassen, weil sich die Partnerin entschlossen hat zu gehen, gerät er in eine passive Rolle. Manche kommen damit gut zurecht und können das aushalten. Andere gehen auf die Barrikaden. Immer hat die eigene Reaktion mehr mit dem eigenen Nervenkostüm, den eigenen Verletztheiten zu tun als mit der Partnerin oder dem Partner.

Dass eine Ehe zu Ende geht, ist alles andere als ideal. Aber alle Dinge unter dem Himmel gehen irgendwann zu Ende. Eine besondere Herausforderung stellt eine Trennung aber natürlich dar, wenn es nicht nur um ein Paar, sondern um eine Familie geht. Kinder schaffen eine unverbrüchliche Verbindung zwischen den Eltern. Auch wenn sich ein Elternteil völlig zurückzieht, Vater oder Mutter bleibt er oder sie dennoch zeitlebens. Aus Sicht der Kinder besteht die ursprüngliche Familie immer weiter: Egal, was passiert, der Vater bleibt der Papa, die Mutter bleibt die Mama – Punkt.

Kinder *brauchen* ihre Eltern und sie brauchen ihre Eltern *groß*. Wenn Eltern sich trennen, kommen Kinder in Not, wenn die Eltern den Boden unter den Füßen verlieren und aufeinander losgehen, angetrieben von ihrem eigenen Schmerz. An unseren Kindern können wir leicht sehen, wie unsere Trennung läuft. Sie sind die Seismographen, die anzeigen, ob es ganz gut klappt oder ob wir Eltern noch Entwicklungsluft nach oben haben. Immerhin schaffen es heutzutage mehr Eltern, sich in Frieden zu trennen. Wenn das nicht gelingt, ist es niemals die *Schuld* von jemandem. Nein, alle meine Erkenntnisse und Erfahrungen mit Eltern zeigen: Wenn die liebevollen Gefühle zum Kind (oder auch zum Partner) beeinträchtigt sind, dann nur deshalb, weil jemand selbst zutiefst verletzt wurde. Werden damit verbundener Stress und die ungelösten Ängste ausgelebt, fühlt sich das Kind bedroht und verlassen. Verlassen von seinen wichtigsten Bindungs- und Bezugspersonen! Das ist gleichbedeutend mit maximaler Verunsicherung. Dieser Stress, diese Verunsicherung führen manchmal dazu, dass Kinder versuchen, alles, was ihnen möglich ist, dazu beizutragen, dass die Eltern wieder zusammenkommen. Ein achtjähriger Junge erzählte in einer Beratung, er spanne abends im Bett immer so lange wie möglich alle Muskeln an, in der Hoffnung, dass Mama und Papa wieder gut miteinander seien. Kinder wollen alles geben, um ihr sicheres Umfeld zu erhalten.

Eltern haben in einer Trennung oft die Vorstellung, sie müssten darauf schauen, was das Beste für ihr Kind sei. Doch es ist gerade andersherum. Die Eltern müssen darauf schauen, was für sie das Beste ist.

Ich erachte es als die Aufgabe von Vater und Mutter, den nächsten Entwicklungsschritt in ihrem Leben zu gehen und sich mit ihren eigenen Kinderängsten und ihrem Stress zu konfrontieren, denn das ist meist die eigentliche Ursache dafür, dass der Trennungsprozess sich so schmerzlich gestaltet. Elternschaft ist die Spitze des Eisbergs dessen, was uns in unseren Herkunftsfamilien zugestoßen ist. Wenn wir uns daran erinnern, wie unsere Eltern und deren Eltern aufgewachsen sind, und uns dann überlegen, wie wir uns gegenüber unseren Kindern verhalten, dann können wir schon ermessen, welcher Sprengstoff uns allen in die Wiege gelegt wurde. Gerade Väter versuchen davor wegzulaufen. Doch so schnell kann niemand laufen, wir haben unsere Herkunft und deren ungelöste Themen immer dabei. Wenn es in Trennungszeiten ernst wird, haben wir erneut die Wahl, uns diesen alten Verletzungen zu stellen und die alten Wunden endlich heilen zu lassen. Immer gewahr, dass Narben bleiben. Das ist unsere Möglichkeit, aus dem Karussell des Schmerzes auszusteigen. Dann schaffen wir es, unseren Kindern die Geborgenheit zu geben, die sie brauchen.

Geborgen fühlen sich unsere Kinder und stark fürs Leben werden sie, wenn wir Eltern uns unseren gefährlichen Gefühlen, unseren Dämonen, unseren Ängsten stellen, die wir aus unserer eigenen Kindheit mitgebracht haben.[23]

Doch nun zum Zwei-Zuhause-Modell: Meine jetzige Frau hat wie ich zwei Kinder aus erster Beziehung. Als wir uns kennenlernten, waren ihre Kinder 14 und 16 Jahre alt. Für mich und meine Frau war immer klar, dass wir für die Patchwork-Familie aus dem Bilderbuch nicht gebaut waren. Jeder von uns behielt seine Wohnung. Ich hatte mir eine kleine Wohnung genommen, meine erste Frau blieb mit den Kindern im gemeinsamen Haus. Damit gingen wir den immer auftauchenden, nach meiner Meinung unsinnigen Alltagsstress-Situationen von *Du bist nicht mein Vater, du hast mir gar nichts zu sagen* ... aus dem Weg. Zudem hatte ich überhaupt kein Interesse, mich gegenüber den Kindern meiner zweiten Frau als zweiter Vater aufzuspielen, sie hatten ihren Vater. Ich hatte genügend mit meinen Kindern zu tun. Diese Entscheidung hatte viele gute Seiten. Die Mutter konnte sich so, wie sie es für richtig hielt, um ihre Kinder kümmern, wir tauschten uns aus, und wenn ich gefragt wurde, sagte ich meine Meinung. Wir verbrachten gute Urlaube zu sechst. Und bis heute erlebe ich von den Kindern meiner zweiten Frau eine große Zugewandtheit und Respekt. Im Rückblick halte ich es für eine große, nach meiner Meinung unnötige Herausforderung für alle, auf Biegen und Brechen zusammenzuziehen, nur weil die Erwachsenen sich verliebt haben. Den Kindern geht das nicht so, sie sind nicht verliebt, im Gegenteil. Sie sind loyal zu dem nicht anwesenden Elternteil und empfinden den neuen Partner oft genug als Bedrohung für ihre Sicherheit. Wenn der neue Partner seine eigenen Ideen des Zusammenlebens durchdrücken möchte, gibt es einen Kampf darum, was richtig und was falsch ist. Meist hat auch noch der leibliche Vater andere Ideen . Aus Sicht des neuen Partners bedeutet das oft, dass er seine eigene Sicht nicht leben kann oder ständig Kompromisse eingehen muss, die nicht guttun. Dem allem geht das Zwei-Zuhause-Modell aus dem Weg. Natürlich gibt es Mehrkosten, doch aus meiner Erfahrung heraus kann ich nur sagen, das war es wert!

Bonusvater statt Patchworkstress

Wenn ich als neuer Partner in eine Familie mit Kindern aus einer früheren Beziehung komme, passieren zwei Dinge sofort, ohne dass ich sie verhindern kann. Zuallererst fragt sich das Kind: *Wer ist das, und was will der hier?* Das Kind spürt oft sehr schnell, wie sich die liebevolle Aufmerksamkeit der Mutter dem neuen Partner zuwendet. Und es fragt sich zweitens: *Und jetzt geht es vielmehr um den und viel weniger um mich?* Das Kind fühlt den Verlust von Zuwendung und Liebe, obwohl sich die Mutter vermutlich sehr bemüht, das auszugleichen und extra Zeichen der Aufmerksamkeit zu geben. Das alles führt zu Alarmsignalen beim Kind, auch wenn der neue Partner überhaupt keinen Anlass zur Sorge gibt und ihm besonders freundlich begegnet. Es dauert Monate, manchmal auch Jahre, bis genügend Vertrauen aufgebaut ist. Jede erzieherische Äußerung des neuen Partners wird interpretiert, als ob sich der neue Partner der Mutter als der bessere Vater aufspielen will, was eine Erreichbarkeit des Kindes durch den neuen Partner fast unmöglich macht. Die Idee, ein Vertrauter, ein Bonusvater, also ein zusätzlicher wichtiger männlicher Part bei dieser Patchworkveranstaltung sein zu können, fällt oft ins Wasser, weil eines der Kinder nicht mitspielen will. Deshalb empfehle ich, sich langsam vertraut zu machen und nicht Hals über Kopf weitreichende Entscheidungen zu fällen.

Leuchtturm sein

Die alte Erziehungsordnung – von oben herab – setzt Gehorsam und Unterordnung voraus. Die Großen bestimmen, die Kleinen haben zu folgen. So setzt sich das dann im Kindergarten, der Schule, in der Lehre, im Studium und in vielen Ehen fort. Wer zahlt, schafft an. Mit der Folge, dass Verantwortungsbewusstsein kleingeschrieben wird, Hierarchie hingegen groß. Man könnte auch von der alten, ausgedienten Kultur des Abendlandes sprechen. In einer zusammenwachsenden Welt werden jedoch andere Fähigkeiten gebraucht, als sich ducken zu können oder sinnlos rumzukritisieren. Heute wie zukünftig brauchen wir selbstständig denkende Menschen, die gelernt haben, Verantwortung für ihr Tun zu übernehmen. Mit Hierarchie, Standardisierung und Konformität lernen wir, die Löcher im Käse zu zählen, ohne uns zu fragen, ob er überhaupt schmeckt. Wir brauchen kreatives Denken, nicht Konformität. Reiner Wissenserwerb genügt in diesem Fall nicht mehr.

Väter sind hierbei Vorbilder, indem sie ihre eigene Lernfähigkeit unter Beweis stellen, denn die heutige Generation der Erwachsenen hinterlässt ihren Kindern eine Welt mit tiefgreifenden Problemen: Fragen zum Wachstum, der Migration, Energiefragen, Pensionssysteme, Klima, Gesundheitssysteme, Abfallwirtschaft, geschlossene Schulsysteme, die keiner mehr braucht, um nur ein paar zu nennen. Die Antworten darauf haben die heutigen Generationen noch nicht. Väter sollten damit beginnen, diese Herausforderungen in Angriff zu nehmen, indem sie ihre Kinder und Kindeskinder über den Tellerrand hinausschauen lassen und neues, nicht ideologisches Denken zulassen. Eine wesentliche Frage, die sich jeder Vater stellen sollte, lautet deshalb, welches Menschenbild er hat und wie viel Einfluss er auf sein Kind ausüben möchte. Ich kann als Vater ein paar Orientierungen geben, indem ich dafür sorge, dass beispielsweise Drogen, Pornografie oder Computersucht nicht das Leben meiner Kinder bestimmen. Die Voraussetzung dafür, es ihnen auch überzeugend zu vermitteln, ist ein guter und vertrauensvoller Kontakt zu ihnen.

Beziehungen zu Kindern und Jugendlichen gelingen, wenn ich als Vater ihnen gleichwürdig begegne. Damit ist gemeint, dass wir im gleichen Maße würdig sind, aber wir sind nicht gleich. Ich bin als Vater nicht wie mein Sohn oder meine Tochter. Als Erwachsener habe ich mehr Lebenserfahrung, die das Kind noch nicht hat, und das bedeutet, dass wir nicht gleich sind. Väter haben wesentlich mehr Einflussmöglichkeiten als Kinder und Jugendliche. Das könnte man als Macht bezeichnen. Wir müssen dazu stehen und mit dieser Macht verantwortungsvoll umgehen.

Wie oft habe ich erlebt, dass ein Vater, der die ersten drei Jahre wenig Kontakt zu seinem Kind hatte, sich mit ihm intensiv beschäftigt, nachdem es auffällig geworden ist. Durch diese gemeinsamen Erlebnisse wird das Band zwischen Kind und Vater gestärkt, auch wenn der Anlass dafür nicht erfreulich gewesen ist. Ich habe diesen Gedanken schon zu Beginn des Buches ausführlich dargelegt: Die Erwachsenen müssen die Anpassungsleistung bringen, dann macht das Kind mit. Kinder kooperieren grundsätzlich, das ist eine der Kernaussagen von Jesper Juul.

Kinder wollen immer kooperieren. Wenn sie dies nicht tun, haben sie einen guten Grund dafür. Um diesen Grund muss man sich kümmern.

Gleichwürdigkeit in einer Beziehung zeigt sich dadurch, dass die Gedanken, Reaktionen, Gefühle, das Selbstbild, die Träume und die innere Realität des Kindes oder Jugendlichen genauso ernst genommen werden wie jene der Erwachsenen.

Als Eltern und Erwachsene sind wir verantwortlich für die Qualität der Beziehung zu den Jugendlichen und nicht umgekehrt. Fehlendes Zutrauen zu den Kindern und Jugendlichen schwächt sie. Dieser Konflikt zeigt sich häufig in der Pubertät. Man sollte Verständnis für jene Eltern und Fachleute aufbringen, die nicht mehr daran glauben können, dass sich etwas zum Positiven ändert. Aber Fachleute brauchen in diesem Fall Supervision, und Eltern brauchen Unterstützung, wenn sie nicht mehr wissen, wie gute Beziehungen zu ihren Kindern möglich sind. Eine Verurteilung wie *Du schaffst es nicht* ist kontraproduktiv. Dabei ist das immer auch eine Aussage über das, was die Eltern in den vielen Jahren davor selbst nicht zustande gebracht haben.

Häufig werden Eltern-Kind-Beziehungen dadurch belastet, wenn die Eltern das Kind als Sinn ihres Lebens betrachten. Diese Einstellung überfordert das Kind wie den Erwachsenen gleichermaßen. Das erleben wir oft bei Familien, mit denen wir arbeiten, die meinen, dass ihr Kind ein »Erfolg« werden muss. Das Kind wird zu einer Projektionsfläche für die unerfüllten Wünsche der Eltern. Früher hieß es: »Du sollst es einmal besser haben als wir.« Der Wortlaut hat sich geändert, aber die Intention ist dieselbe geblieben: »Wir wissen, was für dich gut ist.«

Als Eltern fokussieren wir uns auch während der Pubertät zu oft auf unsere eigenen Ängste und unsere »Schuld«. Dabei wäre es so viel hilfreicher, wenn wir unsere Sinne für das öffnen würden, was unsere Kinder (und wir selbst) fühlen. So könnten wir drei Schritte zurücktreten und die Stärken und die wachsende Autonomie genießen, die wir als Eltern sehen können. Jedes Kind hat einen selbstbestimmten, autonomen Anteil, und das ist genau das, was der Mensch in der Zukunft brauchen wird. Dass er weiß, wie es ihm geht, und dass er vermutet, in welcher Richtung er beruflich, persönlich und in seiner Entwicklung gehen sollte.

Menschen wollen ihrem Leben einen Sinn geben, und dieser findet nicht mehr ausschließlich in der Arbeitswelt, sondern verstärkt in der Familie statt, das gilt besonders für Väter, die das wollen. Menschen brauchen beides: Zugehörigkeit und Autonomie, Verbundenheit und Selbstständigkeit. Kinder und Jugendliche benötigen zusätzlich erwachsenenfreie Zeit. Sie brauchen Herausforderungen, an denen sie wachsen können, sie wollen gebraucht werden und Mitgestalter ihrer Welt sein.

Ich bin mir absolut sicher, dass wir unsere Gesellschaft und im Speziellen die Kinder und Jugendlichen durch die freundliche Anwesenheit und das stärkere Beteiligtsein der Väter an deren Leben befrieden und vielleicht heilen können. Die Anwesenheit des Vaters, der sich da draußen auskennt und das Kind und den Jugendlichen zum Guten anleiten kann, gibt ihnen Sicherheit und entspannt diese gestresste Generation. Kinder jeden Alters brauchen den Zuspruch, die stärkende Orientierung: »Ich kann es und ich tue es. Ich habe eine gute Zukunft vor mir. Mir als Kind/Jugendlicher fällt es noch schwer, daran zu glauben, aber mein Vater ist von mir überzeugt, er ist immer auf meiner Seite.«

Jugendliche müssen die Erfahrung machen, dass sie in der Lage sind, Probleme selbst zu lösen, was ihr Selbstvertrauen und ihr Selbstwertgefühl stärkt. Sie brauchen Zutrauen: ***Das schaffst du.***

Wenn wir als Erwachsene dieses Zutrauen zum Kind oder dem Jugendlichen noch nicht haben, liegt das Problem nicht beim Jugendlichen, sondern bei uns. Es ist unsere Aufgabe als

Väter, dafür zu sorgen, dass dieses Zutrauen entstehen kann, denn von unserer Gewissheit *Das schaffst du* nährt sich die Seele von Kindern und Jugendlichen. Ich habe das selbst mit unseren Kindern erlebt. Als ich meinen Perfektionsanspruch begraben konnte, stieg in dem gleichen Maß mein Zutrauen, dass ungenügende Ergebnisse wirklich gut werden konnten – mit der Zeit und mit Ermutigung. Auch hier zeigt sich, dass es gute elterliche Führung braucht, um junge Menschen zu stärken. Was schwächt, haben wir alle erlebt, der Zweifel, ob aus uns jemals etwas wird … Und je bedeutender derjenige ist für das Kind, der das denkt und ausspricht, umso wirksamer ist es und wird vom Kind geglaubt. Deshalb sind Väter wichtig, die ihrem Kind vermitteln, dass sie an es glauben.

Das ehemalige Kind durchläuft als Jugendlicher diesen Weg vom Abtrennen der Nabelschnur (als erster Schritt zur Selbstständigkeit) über das Laufenlernen, die erste Autonomiephase, die unverschämter Weise immer noch »Trotzphase« genannt wird, und die zweite Autonomiephase »Pubertät«, das Loslösen von den Erwachsenen und das Ausprobieren, ob die Werte, die durch Eltern und andere Bezugspersonen vermittelt wurden, auch in dieser Zeit noch tragfähig sind.

Ich möchte diesen Gedanken anhand eines plakativen Beispiels illustrieren. Katzen werden vermutlich immer ihr Verhalten beibehalten und Mäuse jagen. Wir Menschen hingegen erschaffen unsere Zukunft selbst, obwohl wir heute noch nicht einmal wissen, welche Lebensbedingungen unsere Kinder in zwanzig oder dreißig Jahren erwarten werden. Wenn wir das berücksichtigen, sollten wir aufhören, so zu tun, als wüssten wir, welches Wissen in Zukunft gefragt und welche Inhalte noch gelten werden. Ich denke, es wird sich außer dem Grundlagenwissen der ersten sechs Schuljahre nicht mehr viel wiederholen. Deshalb werden zukünftige Generationen ein hohes Maß an Anpassungsfähigkeit brauchen, um mit neuen Bedingungen zurechtzukommen. Flexibilität ist also gefragt, doch die braucht eine stabile Basis, die im Menschen selbst verankert sein muss, seinen emotionalen und kognitiven Kompetenzen, und nicht in materiellen vermeintlichen Sicherheiten wie beispielsweise Wohlstand. Letzterer gibt übrigens das Stichwort zu einer weiteren Frage, die auf ein globales Problem abzielt: Auf wessen Kosten geht eigentlich unser Wohlstand?

Väter als Sparringspartner

Früher wurden Kinder und Jugendliche mit Prügeln und harten Strafen gemaßregelt. Heute lehnen wir Gewalt als Erziehungsmaßnahme ab. Es hat uns aber keiner gesagt, was wir stattdessen tun sollen.

Wir können einen Weg finden, um herauszubekommen, was wir an die Stelle der autoritären Erziehungsmethoden setzen können, die zwar funktionierten (weil Kinder und Jugendliche aufgegeben haben), aber die jungen Menschen beschädigten.

Väter können hier als Sparringspartner aktiv sein, die maximalen Widerstand geben und minimalen Schaden anrichten. Das Bild des Sparringspartners beschreibt diese Aufgabe gut. Beim Sparring tragen die Sportler dick gepolsterte Helme, während sie aufeinander einhauen, sodass sie sich nicht ernsthaft verletzen. Genauso sollten Erwachsene, im übertragenen Sinn, mit Jugendlichen umgehen. Das ist eine Simulation des echten Lebens und ein gutes Training, bevor sie in ihr eigenes Leben gehen. So gewinnen Jugendliche Lebenssicherheit.

Das, was die Eltern sagen, bleibt wichtig, auch wenn die Kinder andere Entscheidungen treffen. Die Meinung der Erwachsenen hat nach wie vor einen großen Einfluss, trotzdem besprechen Jugendliche das Für und Wider lieber mit Gleichaltrigen. Es ist normal und wichtig, dass sie sich von den Eltern abnabeln. Gerade als Väter müssen wir daran arbeiten, das zu akzeptieren. Das macht Eindruck auf die Jugendlichen, auch wenn sie es nicht explizit ausdrücken. Eltern müssen sagen, was sie für richtig halten, was ihre Position ist und damit leben lernen, dass die Jugendlichen sich anders entscheiden. Eltern sollten da sein, wenn ihre heranwachsenden Kinder sie brauchen, und die Sprüche unterdrücken, die unweigerlich hochkommen: »Das hab ich dir doch gleich gesagt!« In der Pubertät kommt es zur Auflösung der Bindung an die Bezugspersonen. Jugendliche fürchten den Liebesentzug nicht mehr. Jetzt ist es höchste Zeit für die Eltern, nicht nur ihren Kindern, sondern auch sich zu vertrauen, dass sie in ihrer Erziehung vieles richtig gemacht haben. Die meisten Eltern trauen, wenn die Erziehung der Kinder ab zwölf oder auch vierzehn Jahren nicht mehr möglich ist, plötzlich nicht mehr dem, was sie bisher geleistet haben. Manchmal geschieht das auch schon mit zehn Jahren. Erziehung findet in den Jahren davor statt. In diesem Zeitraum übernehmen Kinder häufig die Gestik, Körperhaltung, den Ausdruck beziehungsweise die innere Haltung ihrer Eltern. Das ist die prägende Basis, und in dieser Zeit passiert alles, was Kinder brauchen. Was wäre das, was Kinder brauchen? Mir fällt ein: Selbstvertrauen, ein Gefühl für meine Integrität, meine Grenzen, dafür was ich will und was nicht, Selbstbestimmtheit, ein Gefühl, was meine Freiheit wert ist, Vertrauen, dass ich es immer wieder schaffen kann, auch nach Rückschlägen, Ruhe, Kraft und Energie. Natürlich lässt sich diese unvollständige

Aufzählung von Eigenschaften nicht anerziehen, herstellen. Jedes Kind hat ein Potenzial davon in sich, diesen Schatz zu heben und ans Licht zu bringen, also ein bisschen bewusster werden zu lassen, wäre der Job der Eltern, besonders der Väter.

Danach kann ich als Vater nur noch dafür sorgen, in Beziehung mit meinem Kind zu bleiben, denn dann kommt die sogenannte Explorationsphase. Die Jugendlichen probieren aus, ob die Werte der Eltern für sie »funktionieren«. Wirksame »Erziehung« findet immer zwischen den Zeilen statt. Das ist wesentlich mehr als das, was wir verbal kommunizieren, und es ist wesentlich mehr als das, was Sie im Moment sehen, was der Jugendliche wirklich macht. Als Vater sollten wir in dieser Zeit von uns aus da sein, wenn wir gebraucht werden. Unsere Meinung ist wichtig, aber nur, wenn wir danach gefragt werden. Und das Wichtigste: absolutes Vertrauen, dass das Kind es schafft, auch wenn es gerade überhaupt nicht danach aussieht.

Am eindrücklichsten sehen das Eltern, wenn ihre Kinder ausgezogen sind und sich entscheiden können, ob sie das übernehmen wollen, was die Eltern ihnen vorgelebt haben. Denn es ist auch eine Frage des Stolzes, eine Frage der Wahrung meiner Integrität als Jugendlicher: »Ich kann es im Moment nicht so machen, wie mein Vater und meine Mutter es getan haben. Denn dann wäre ich ja wie sie, und das will ich auf keinen Fall. Ich will etwas Neues und Eigenes, ich will ich sein.« Das haben wir doch fast alle in unserer eigenen Jugend erlebt. Und wir sollten es bei unseren Kindern akzeptieren und sie dabei unterstützen, ihren eigenen Weg zu gehen.

Mit Erziehungskatastrophen umgehen lernen

Kommunizieren Sie als Eltern, wo Ihre eigenen Grenzen liegen. Eine meiner ersten Erziehungskatastrophen war, als ich zu unserem Sohn sagte: »Ich will, dass du das jetzt machst und zwar sofort!« Mein Sohn hat mit zweieinhalb Jahren in aller Ruhe geantwortet: »Nein.« Da war ich mit meinem Erziehungslatein (das ich von meinem Vater gelernt hatte) schon am Ende. Meine Veränderung fing an, als ich verstand, dass mein Sohn Befehle hasst und nicht darauf reagiert und eine »Allergie« auf das Wort *sofort* hat.

In der Pubertät können Jugendliche vieles selbst, aber sie schlagen manchmal über die Stränge. Dann sollten wir als Eltern freundlich die Hand reichen. Unser Sohn war sechzehn Jahre alt und schon viel unterwegs, vor allem nachts. Eines Sonntagmorgens klingelte um vier Uhr das Telefon: »Hier ist das Krankenhaus. Ihr Sohn liegt mit einer Alkoholvergiftung bei uns auf der Station.« Ich sagte: »Okay, ich bin gleich da!« »Lassen Sie sich Zeit, er bekommt noch eine Kaliuminfusion, Sie können um acht Uhr kommen!« Ich bin um halb acht hingefahren und habe natürlich die dreieinhalb Stunden bis dahin nicht mehr geschlafen. Er saß in einem gekachelten Raum, ein Landstreicher war auch da. Wir haben uns nur angeschaut und nicht miteinander geredet. Ich habe so freundlich geschaut, wie ich konnte. Dann sind wir gegangen. Als wir im Auto saßen, sagte er: »Papa, das passiert mir nie wieder!« Und es ist ihm nie mehr passiert. Jahre zuvor habe ich ihm erzählt, dass ich genau die gleiche Erfahrung in seinem Alter gemacht hatte. Ich bin auch in einem Krankenhausbett aufgewacht. Am Kopfende standen mein Vater und meine Mutter, und sie haben einfach nichts gesagt. Meine Mutter war immer eine Weltmeisterin in puncto Befürchtungen, doch an diesem Tag hat sie nichts gesagt. Das hat mir bis heute imponiert und mir die Möglichkeit gegeben, mit meinem Sohn so umzugehen, als er das offensichtlich ebenfalls ausprobieren musste. Ich erzähle Ihnen das, um zu verdeutlichen, dass unser Handeln bei Jugendlichen einen nachhaltigeren Eindruck hinterlässt als Worte.

Jung sein bedeutet, Fehler machen zu dürfen. Gewalt und Bestrafung dürfen keine Erziehungsmethoden der Eltern sein, denn sie zerstören Menschen. Gehorsam ist ein altes Beziehungskonzept, was auf Unterordnung beruht. Er bedeutet, keine Entscheidungsfreiheit zu besitzen, sondern sich den Anordnungen zu fügen. Das wollen Kinder und Jugendliche heute nicht mehr, das braucht kein Mensch.

Dialog und Familienrat

Dialog heißt nicht: »Ich sage dir, was ich will, und du machst das.« Dialog bedeutet: »Ich sage, was ich will, du sagst, was du willst, und dann diskutieren wir nicht, bis du aufgibst, sondern dann beenden wir das.«

In unseren Familienberatungsseminaren empfehle ich den rituellen Familienrat. Um einen Anfang und ein Ende zu markieren, zündet man eine Kerze an. Das ist der Beginn des rituellen Familienrats, und alle Beteiligten sitzen am Tisch. Die erste Regel besteht darin, dass jeder nur von sich spricht. Die zweite Regel lautet, dass keiner die Aussagen des anderen kommentiert. Und die dritte Regel besteht darin, dass niemand über das redet, was dort zur Sprache gekommen ist, sobald die Kerze gelöscht und der Familienrat zu Ende ist. Die einzige Einschränkung dieser Regel ist, wenn es um Leben und Tod geht.

Jeder teilt mit, wie es ihm oder ihr im Moment geht. Gefühle und Befindlichkeiten können zur Sprache kommen. Die anderen hören zu, bevor ein anderes Familienmitglied das Wort ergreift. Bei diesem echten Dialog gelingt es Familien, wirklich ins Gespräch zu kommen, indem sie einander zuhören! Für viele Familien ist dies eine neue Erfahrung.

Wir haben heute so viele Ablenkungsmöglichkeiten, dass wir irgendwo eine Landungsplattform brauchen, um uns zu erzählen, wie es uns geht.

Das hört sich normal an, doch ich habe festgestellt, dass es in vielen Familien nicht der Fall ist und ein Großteil der Eltern das überhaupt nicht macht. Es wäre eine gute Möglichkeit, die Verbundenheit in der Familie für alle zu stärken, weil jeder gehört und gesehen wird, ohne falsch gemacht zu werden.

Das wird Schule machen

Schon im Kindergarten fängt es an. Anstatt die Kinder einfach spielen zu lassen, wissend, dass sie so am meisten lernen, werden Eltern nervös, wenn ihr Kind bestimmte Fertigkeiten nicht in der vorgegebenen Zeit kann. Manche Eltern sehen die Kita als Vorschule, was sie nicht ist. Ja, es ist wichtig sich um Entwicklungsverzögerungen zu kümmern. Aber es ist nicht sinnvoll, deshalb in Panik zu geraten, anstatt das Kind gut zu begleiten. Wie oft habe ich erlebt, dass in einer Beratung beiläufig erwähnt wurde, es sei kein Problem mehr, was vorher eine Krise in der Familie ausgelöst hat. Mehr Gelassenheit ist dazu meine Empfehlung an Eltern.

Kinder sollen gefördert werden, aber dafür muss ausreichend Personal in den entsprechenden Einrichtungen vorhanden sein. In vielen Weiterbildungen mit Erzieherinnen und leitenden pädagogischen Kräften höre ich, dass sie durch die Arbeitsüberlastung am Limit sind. Kein Wunder, dass die

Kinder dann nervös werden, beziehungsweise ihre Nervosität nicht ableiten können, wenn der Ruhepol – die Erzieherin – heillos überfordert ist. In so vielen Weiterbildungen mit Erzieherinnen und Leitungen höre ich: «Ich bin allein mit 22 Kindern, die Kollegin ist krank, das geht jetzt seit drei Monaten so, und ich bin seit Wochen am Limit.« Auch der Rechtsanspruch auf einen Kitaplatz hilft in der Realität nicht weiter. Städten und Kommunen fehlt es an Plätzen und Personal – und deshalb stellen sie manchmal selbst trotz erfolgreicher Klage nicht ausreichend Plätze zur Verfügung.[24] Es gibt eine permanente Fehlplanung der Ministerien, allein 2023 fehlen 98.600 Erzieherinnen und Erzieher, Tendenz steigend: Bis ins Jahr 2030 könnten 230.000 Fachkräfte fehlen. In den knapp 60.000 Kindertageseinrichtungen in Deutschland können laut dem Institut der deutschen Wirtschaft Köln (IW Köln) fast 74 Prozent der Stellen nicht besetzt werden. Eskalation ist die eine Folge bei vielen Kindern. Diagnosen die nächste.[25]

Was bedeutet das für die Eltern? Suchen Sie sich einen Kindergarten, der Kinder mag. Das hört sich selbstverständlich an, die Praxis sieht anders aus. Eine Mutter erzählte mir, dass sie auf ihrer Arbeitsstelle angerufen wurde, sie solle ihren dreijährigen Sohn sofort abholen. Er würde die anderen Kinder schlagen. Als sie in der Einrichtung ankam, sagte ihr die Leiterin, dass sie ihren Sohn sofort mitnehmen solle. Schlagende Kinder seien nicht erwünscht. Die Mutter nahm ihr Kind mit und war zuerst ratlos und verzweifelt. Wie sollte sie so schnell einen neuen Betreuungsplatz für ihn finden? Als sie in einer anderen Kita anrief, um die Situation zu besprechen, reagierte die Leiterin gelassen. Es käme manchmal vor, dass ein Kind andere haue, aber das würde auch aufhören. Ihr Sohn sei herzlich willkommen.

Werden Kinder von anderen Kindern gemobbt oder fühlen sie sich unwohl, sollte man darüber nachdenken, die Kita oder die Schule zu wechseln. Mobbing unter den Kindern entsteht häufig, weil es ein Führungsproblem bei Erzieherinnen oder Lehrerinnen gibt. Wenn sie sich dafür nicht verantwortlich fühlen oder die Einrichtung nicht in der Lage ist, Mobbing zu unterbinden, wird das Problem weiter bestehen.

Zum Thema Schule möchte ich an dieser Stelle abschließend noch etwas anmerken. Oft höre ich in Beratungen, dass sich alles in der Familie nur noch um Noten und Hausaufgaben dreht. Dies ist eine Verschwendung der gemeinsamen Zeit, welche die Familienmitglieder sinnvoller nutzen können. Schule ist nicht so wichtig! Was bleibt davon am Ende in unserem Lebenslauf: nur der Abschluss. Die Forschung zeigt, dass Hausaufgaben, von Vokabellernen abgesehen, meist sinnlos sind und nur eine Verlagerung des Lehrplanstoffs nach Hause.[26] Das ist aber nicht der Sinn und Zweck von Familie. Viele Kinder leiden während ihrer Schulzeit unter dem Leistungsdruck, den ihre Eltern ausüben. Leider geht dabei sehr oft der Spaß am Lernen verloren. Das ist jammerschade.

Was können wir als Väter nun in diesem Zusammenhang tun? Wir können uns einbringen, z.B. so wie meine Tochter und ich es erlebt haben: Der Schulleiter des Gymnasiums, an dem unsere Tochter die Aufnahmeprüfung bestanden hatte, sagte mir im Erstgespräch, in seiner Schule sind die Eltern für die Hausaufgaben verantwortlich. Darauf antwortete ich: »Das sehe ich anders, wenn Sie Hausaufgaben wollen, müssen sich auch Ihre Lehrer darum kümmern.«

Auf dem Nachhauseweg sagte ich zu meiner Tochter, sie solle das mit den Hausaufgaben so machen, wie sie es brauche. Wir als Eltern würden ihr keinen Druck machen, und falls es Schwierigkeiten gäbe, würde ich das klären. Es hat in all den Jahren, in denen sie am Gymnasium war, nie Probleme gegeben.

Zum guten Schluss

Aktuell wandeln sich die Vorstellungen über die väterliche Rolle. Immer mehr Väter verstehen sich nicht mehr ausschließlich als Erzeuger, Ernährer der Familie, und viele jüngere Väter sind motiviert, sich stärker in die Care-Arbeit einzubringen, um ihre Partnerin zu entlasten. Der Mann ist oftmals nicht mehr Alleinernährer, aber doch in vielen Fällen weiterhin der Hauptermährer der Familie, der den größeren Teil des Familieneinkommens erwirtschaftet. Wenn sich beide Partner die Elternzeit gleich teilen, dann vertraut man dem anderen auch als Elternteil. Und dann wissen beide, worüber sie sprechen, wenn sie Erziehungsfragen diskutieren. Dann reden zwei Experten in der Sache und finden eine Lösung, die beide mittragen, auch wenn man sich nicht immer sofort einig ist. Wie das gelingt, habe ich in den Kapiteln davor versucht darzulegen.

Der Blick auf Väter ist zu großen Teilen von einer Defizitsicht geprägt, weil ihr Engagement vor allem an Vorstellungen guter Mutterschaft und ihrer Präsenz gemessen wird und wichtige andere Aspekte väterlichen Engagements ausgeblendet werden.

Zum guten Schluss das Resümee für alle, die ganz schnell etwas verändern wollen: Fangen Sie bei sich selbst an. Lassen Sie die anderen aus dem Spiel. Verzichten Sie auf Vorwürfe, sondern fragen Sie sich stets, was das mit Ihnen zu tun hat. Das braucht Zeit und Raum.

Und merke: Was Paul über Maria sagt, sagt mehr über Paul aus als über Maria …

Glauben Sie daran, dass Sie als Vater ein unverzichtbarer Teil im Leben und der Entwicklung Ihrer Kinder sind.

Danksagung

Ich danke den vielen Vätern, die in unseren Kursen offen über ihre Verletzungen und Gefühle gesprochen haben und so den nächsten Schritt für sich gehen konnten. Ich danke allen meinen Klienten und Supervisanden, ebenso allen Teilnehmerinnen der Trainings- und Weiterbildungsgruppen, denen ich im Laufe der Jahre angehört habe.

Anhang

Literaturverzeichnis

Joachim Bauer: *Wie wir werden, wer wir sind. Die Entstehung des menschlichen Selbst durch Resonanz.* München 2019

JJ Bola: *Sei kein Mann. Warum Männlichkeit ein Albtraum für Jungs ist.* München 2022

Sven Fuchs: *Die Kindheit ist politisch. Kriege, Terror, Extremismus, Diktaturen und Gewalt als Folge destruktiver Kindheitserfahrungen.* Heidelberg 2019

Lisa Graf: *Abgehängt. Und Schule, Klassen und anderen Ungerechtigkeiten, Weckruf einer Lehrerin.* München 09/2022

Boris von Hessen: *Was Männer kosten. Der hohe Preis des Patriarchats.* München 2022

bell hooks: *Lieben lernen. Alles über Verbundenheit,* Hamburg 2020

bell hooks: *Männer, Männlichkeit und Liebe. Der Wille zur Veränderung,* München 2022

Jesper Juul/Mathias Voelchert: *Geborgen und stark. Wie Eltern in Trennung Orientierung und Halt geben*, München 2021

Juul: *Aus Erziehung wird Beziehung. Authentische Eltern – kompetente Kinder*. Hrsg. v. Ingeborg Szöllösi. Freiburg 2005

Jesper Juul: *Dein kompetentes Kind. Auf dem Weg zu einer neuen Wertegrundlage für die ganze Familie*. Reinbek 2009

Jesper Juul: *Dein selbstbestimmtes Kind. Unterstützung für Eltern, deren Kinder früh nach Autonomie streben*. München 2020

Jesper Juul: *Die kompetente Familie. Neue Wege in der Erziehung*. Weinheim 2017

Jesper Juul: *Frag Jesper Juul – Gespräche mit Eltern*. Weinheim 2012

Jesper Juul: *Grenzen, Nähe, Respekt. Wie Eltern und Kinder sich finden.* Reinbek 2004

Jesper Juul: *Nein aus Liebe. Klare Eltern, starke Kinder.* München 2008 (auch als Hörbuch erhältlich)

Jesper Juul: *Unser Kind ist chronisch krank. Ein Ratgeber für Eltern.* Weinheim 2014

Jesper Juul/Helle Jensen: *Vom Gehorsam zur Verantwortung. Für eine neue Erziehungskultur.* Weinheim 2017

Jesper Juul: *Was gibt's heute? Gemeinsam essen macht Familie stark.* Weinheim 2016

Klaus Kokemoor: *Das Kind, das aus dem Rahmen fällt. Wie Inklusion von Kindern mit besonderen Verhaltensweisen gelingt.* Bielefeld 2018.

Bessel van der Kolk: *Verkörperter Schrecken. Traumaspuren im Gehirn, Geist und Körper und wie man sie heilen kann,* Lichtenau/Westf. 2015

Remo Largo: *Babyjahre. Entwicklung und Erziehung in den ersten vier Jahren | Erziehungsratgeber für Kleinkinder,* München 2019

Anna Machin: *Papa werden. Die Entstehung des modernen Vaters.* München 2020

Aladin El-Mafaalani: *Mythos Bildung. Die ungerechte Gesellschaft, ihr Bildungssystem und seine Zukunft.* Köln 2020

Philippa Perry: *Das Buch, von dem du dir wünschst, deine Eltern hätten es gelesen (und deine Kinder werden froh sein, wenn du es gelesen hast),* München 2020

Bruce D. Perry/Maia Szalavitz: *Der Junge, der wie ein Hund gehalten wurde. Was traumatisierte Kinder uns über Leid, Liebe und Heilung lehren können. Aus der Praxis eines Kinderpsychiaters,* München 2008

Diane Poole Heller: *Tief verbunden. Wie wir alte Bindungsmuster auflösen und dauerhafte Partnerschaften eingehen.* München 2020

Mathias Voelchert/Andrea Kästle: *Ich geh' aber nicht mit zum Wandern.* München 2015

Mathias Voelchert: *Liebevolle elterliche Führung. Das Praxisbuch.* Weinheim 2017

Mathias Voelchert: *Chancen verlieben sich. Wie Partner sich immer wieder neu entdecken können.* Oberbucha 2014

Mathias Voelchert: *Trennung in Liebe … damit Freundschaft bleibt.* München 2019

Mathias Voelchert: *Zum Frieden gehören zwei, zum Krieg reicht einer. Wie Paare Konflikte in Liebe lösen.* München 2016

Anmerkungen

1 Zitiert aus bell hooks: *Männer, Männlichkeit und Liebe: Der Wille zur Veränderung*, Elisabeth Sandmann Verlag 2022, Seite 16. Zitiert mit freundlicher Genehmigung des Verlags.

2 Vgl. Ulrich Beck: *Risikogesellschaft. Auf dem Weg in eine andere Moderne*, Frankfurt am Main 1986, S. 169

3 Zitiert nach Ulrich Gutmair: »Frankfurt ist ein globales Dorf« in *taz.de* 18.10.2020

4 Die Anthropologin Dr. Anna Machin zitiert in ihrem Buch *Papa werden* (ebd. S. 123/124) die Arbeiten der Entwicklungsneurologin Pilyoung Kim von der University of Denver sowie den Neurowissenschaftler Eyal Abraham von der Bar-Ilan University, die mit ihren Untersuchungen genau diese Praxiserfahrung bestätigen.

5 Vgl. hierzu Virginia Satir/Michele Baldwin: *Familientherapie in Aktion. Die Konzepte von Virginia Satir in Theorie und Praxis*, Paderborn 1988

6 Vgl. das Interview mit Anna Machin in Lorenz Wagner: «Wie Frauen verändern sich auch Männer durch die Geburt biologisch.« in: *Süddeutsche Zeitung Magazin* 11/2019

7 Vgl. Anna Machin: *Papa werden. Die Entstehung des modernen Vaters*, München 2020

8 ebd.

9 Joachim Bauer: *Wie wir werden, wer wir sind. Die Entstehung des menschlichen Selbst durch Resonanz*, München 2022, S. 14

10 Vgl. »Mensch Papa!« in *ARTE Mediathek* vom 4.2.2023 auf www.youtube.com/watch?v=a9xuBhvCjxo

11 Jochen Metzger: »Herr Fthenakis, wie sehen sich Väter heute?« in: *Fritz&Fränzi. Das Schweizer ElternMagazin* 04.05.2017. Vgl. auch Wassilios E. Fthenakis/Beate Minsel: *Die Rolle des Vaters in der Familie. Band 213 Schriftenreihe des Bundesministeriums für Familie, Senioren, Frauen und Jugend*, Stuttgart 2002

12 Ann-Kathrin Eckardt: »Wenn die Väter ransollen, muss Familienpolitik mutiger werden« in: *Süddeutsche Zeitung Online* 14.12.2022

13 Vgl. Mensch Papa!« in *ARTE Mediathek* vom 4.2.2023 auf www.youtube.com/watch?v=a9xuBhvCjxo

14 Dr. Gabor Maté/Daniel Maté: *Von Mythos des Normalen. Wie unsere*

Gesellschaft uns krank macht und traumatisiert – Neue Wege zur Heilung, München 2023, S. 79 ff.

15 Vgl. Boris von Heesen: *Was Männer kosten. Der hohe Preis des Patriarchats*, München 2022, S. 30 ff.

16 Vgl. Henrike Roßbach: »Papa will mehr« in: *Süddeutsche Zeitung Online* 06.10.2021

17 Vgl. https://de.wikipedia.org/wiki/Elterngeld_und_Elternzeit_in_Schweden

18 Vgl. Werner Lenzin: »Largo: Kinder brauchen immer eine Bezugsperson« in: *Tagblatt.ch* 20.11.2008

19 Vgl. »›Besser erst um neun‹: Schlafforscher fordern späteren Unterrichtsbeginn in Deutschland – vor allem Pubertierende leiden« in: *News4teachers. Das Bildungsmagazin* 21.06.2017 sowie das Interview mit Chronobiologe Till Roenneberg durch Matthias Kohlmaier: »Unterrichtsbeginn um 8 Uhr: Das ist eine biologische Diskriminierung« in: *sueddeutsche.de* 16.06.2015

20 William Shakespeare: »Macbeth« in *Shakespeare's dramatische Werke, Bd. 9*, Berlin 1832, Akt IV. 4. Auftritt

21 Fanny Jiménez: »Die Formel für die ewige Liebe« in: *Welt.de* 30.12.2015

22 Wer dazu mehr lesen möchte, kann dies in den folgenden Büchern tun, die ich dazu geschrieben habe: *Trennung in Liebe*, München 2019, *Zum Frieden braucht es zwei, zum Krieg reicht einer*, München 2016

23 Diese Ausführung finden Sie auch in meiner Einleitung zu Jesper Juul/Mathias Voelchert: *Geborgen und stark. Wie Eltern in Trennung Orientierung und Halt geben*, München 2022, S. 12 ff. Ich empfehle dieses Buch allen Eltern, die sich Orientierung in einer Trennungsphase holen möchten.

24 So erreichte der Anwalt Alexander Hufschmid erst mit einer Verdienstausfallklage, dass in seiner Gemeinde Betreuungsplätze aufgebaut wurden und es zumindest im Kindergarten Platz für seine Kinder gab. Vgl. hierzu Sarah Beham: »10 Jahre Kita-Rechtsanspruch. Die Realität sieht anders aus« auf *BR24 online*, 01.08.2023

25 Vgl. Laura Sophie Koditek: »Kitas. Fachkräfte verzweifelt gesucht« in: *ZDF.de* 12.03.2023 sowie Richard Luttke: »Wie fehlende Kinderbetreuung den Fachkräftemangel verschärft« in: *wiwo.de* 10.03.2023

26 Vgl. »Hausaufgaben bringen nichts« in: *spiegel.de* 31.01.2008

Der Autor

Mathias Voelchert, geb. 1953, ist Gründer (in Zusammenarbeit mit Jesper Juul) von familylab.de in Deutschland und war von 2006 bis 2022 dessen Leiter. Er ist Betriebswirt, Ausbilder, praktischer Supervisor, Coach mit systemischer Ausbildung und diversen Weiterbildungen, Autor und seit 1983 selbstständiger Unternehmer. Voelchert gibt Väter-Workshops, berät Paare, Familien, Schulen und Unternehmer zum Thema Gleichwürdigkeit und gelingende Beziehungen. Außerdem bildet er seit Jahren Fachleute zum Thema Beziehungskompetenz in Schulen, Unternehmen und in der Familienberatung weiter. Der Vater von zwei erwachsenen Kindern lebt mit seiner Frau im Bayerischen Wald.

www.mathias-voelchert.de

familylab.de®

familylab – die familienwerkstatt

familylab macht gute Eltern, Lehrer, Mitarbeiter besser – familylab ist die unabhängige, internationale Organisation für Beratung und Kompetenzentwicklung in Familien, Schulen und Unternehmen. In der familienwerkstatt sind wir Spezialisten darin, Vorträge und Seminare zu gestalten, in denen Eltern und professionelle Fachleute Anregungen und Ideen zu ihrer Arbeit finden können. Und um die bestmögliche Chemie innerhalt der Familie, zwischen Kindern und Erwachsenen wie auch in Beziehungen innerhalb von Schulen und Betrieben zu schaffen.

familylab in der Schweiz:
familylab.ch

familylab in Österreich:
familylab.at

familylab Association:
www.familylabassociation.com

familylab Deutschland GmbH
Heidy de Blum
Düsseldorferstr. 9a
97437 Haßfurt

Tel.: 0157 / 39 60 24 34
info@familylab.de
www.familiylab.de

Getrennte Wege gehen,
kompetente Eltern bleiben

»Der unerschütterliche Helfer verzweifelter Eltern ...«
Süddeutsche Zeitung

KÖSEL
www.koesel.de